スウェーデンの知的障害者

その生活と対応策

河本佳子

新評論

はじめに

「ハビリ」という言葉を、みなさんは聞いたことがおありだろうか？　たぶん、耳なれない言葉ではないかと思う。では、「リハビリ」はどうだろうか？　これなら、みなさんもよくご存じのはずである。

私は、スウェーデンのマルメにあるハビリテーリングセンターで作業療法士として働いている。ここは、先天的障害をもつ小児・青年が通院してくるいわゆる「リハビリセンター」である。しかし、生まれもった障害に「復帰・復活」を意味する「リ」を使うのではなく、日常生活に必要な適応能力を引き出すラテン語の「ハビリ」を利用し、接頭語の「リ」は省いてスウェーデン全国では「ハビリテーリングセンター」と呼んでいる。そしてここには、身体的障害者だけでなく知的障害のある患者もたくさんやって来ている。

ハビリテーリングセンターの一角に、成人の知的障害者が働いているカフェ（喫茶店）がある。そこで働いている人たちは私の顔をよく覚えていて、前を通ると大きな声で「ヨシコ」と呼びかけてくる。「今日はランチを食べに来る?」、「お菓子はいる?」などと、常に愛想がよい。センターを利用する障害者家族やスタッフたちの顔も名前もよく覚えていて、誰とも簡単な挨拶をかわしている。

街のなかに出て、市庁舎や市立の図書館へ行ってもそこにはやはり同じように知的障害者を中心に運営されているカフェがあり、簡単な飲食ができるようになっている。それ以外にも、知的障害者の演じる劇場、そして陸上競技やサッカーを楽しむ地域クラブなどがあり、知的障害者がごく自然な形で参加している。

保育園はというと、健常児だけではなく、知的障害児も身体障害児もともに通っている。小学校、中学校の一角が特別学校や特別学級となっているところもあり、休憩時間には知的障害児と健常児が肩を並べて遊んでいる風景が常に見られる。変わったところでは、夏に行われる「マルメ祭」において知的障害者のＤＪがラジオのリポートを担当していたりもする。

このように、自然な形で知的障害者が社会に、あるいは地域に溶け込んでいるのを日頃から見ていると、日本に帰国した際にもつい彼らの存在を探してしまう。職業柄か、彼らのような障害をもつ人に出会うと国境感が薄れて、日本に帰ってきているのにまるでスウェーデンにいるような気分になれるからだ。ダウン症の人は世界共通の表情をしているし、片側麻痺の人も歩いている姿を見るとすぐにわかる。どうやら、同郷の念で感慨があるのかもしれない。

日本に住んでいる人でも、普段から障害者に接している人たちが海外、とくに北欧などへ行くと私と同じような錯角を起こすのではないだろうか。言葉のわからない外国で緊張しているときに片側麻痺の人や脊髄症の人、ダウン症の人々に出会うと逆にホッとするのではないだろうか。

皮膚の色は変われども、症状がまったく似通っているために「障害者」という独自の人種のようにさえ思えてくる。これも、私が現在住んでいるのがスウェーデンというところで、その関係の仕事に携わっているからだろうが、不思議な感覚である。

スウェーデンでは、街を歩くだけで障害者や高齢者がウォーカー（歩行車）や車椅子で移動しているのを常に見かけることができる。しかし、日本ではなかなかこういう光景に接することがない。障害者数が少ないのかといえば、人口に比例して障害者の発生率は世界的に大して変わらないはずだからそんなことはありえない。では、なぜ日本では障害者を見かけないのだろうか。疑問に思って、施設に通っている日本の障害者に尋ねたことがある。日本では、養護学校や施設が街から遠く離れた郊外にあるところが多く、また外出する際にはさまざまな規則があって、施設長の許可を必要としたり手間がかかったりして自由に外出するのが困難らしい。それゆえ、ふと思いついたからといって街に買い物に行くというようなことができないという。そして、おのずと自発的に街へ出ていくのを控えるようになったそうだ。悲しいかぎりである。

私は、機会があるたびに日本の障害者自身やその家族、また施設の職員などと話をしているので、いま述べたことは決してフィクションではない。「そんなことはうちの施設ではありえない」と、反発してくれるところが多くなることを望むしだいである。

ある年の夏に帰国して横浜に行ったとき、数人の障害者のグループに出会った。やはり、つい視線がそっちへいってしまう。彼らはどういう生活をしているのだろう？　自立できているのだろうか？　楽しいのだろうか？　それとも辛いのだろうか？　と、おせっかいな不安にかられてしまう。でも、このときのグループは、障害者自身もボランティアやスタッフの人にも笑顔が見えていた。それで、ほっとしたのを覚えている。

日本のスタッフやボランティアの人たちの優しさや物腰の柔らかさにはいつも感心させられる。常に合理主義で、ソフトな面に少々欠けているスウェーデン人に是非とも学んで欲しいところである。しかし、先ほど述べたように、知的障害者にとって日本は発達途上国としかいいようがない。ひょっとしたら職業がもたらす偏見かもしれないが、私はそう思っている。

やはり帰国したときの出来事だが、東京で電車に飛び乗ったとき、ドアのところにある青年が立っていた。電車が発車すると同時に、その青年が背中の小さなリュックサックを揺らせながら車内をうろつきはじめた。そして、一人で何か口のなかでモゴモゴつぶやいている。腕を進行方向へ上げたり下げたり、最後尾であった車両の一番後ろには車掌室があるのだが、そこを覗いたりとその青年は落ち着きがない。周囲の人々も、挙動不審の彼に困惑して眉をしかめている。少し離れたところでは、傍観するだけではなくヒソヒソと内緒話をしている人もいる。「こっちへ来ないで」と、怖そうに身を硬くしている人もいる。いっしょにいた私の娘も不安になったのか、私の腕を引っ張るとそっと耳うちをした。

「ドラッグ中毒者みたい……」

たしかに、よく見ると目はトロンとして行動も散漫でつぶやきも聞こえそうで、ドラッグ中毒者と間違えても不思議はない。そのまま私も、絡まれてはいけないと娘を片側に隠す形でじっと彼の行動を観察していた。

電車がやがて次の駅へ滑り込んだ。すると、その青年はすぐさまホームに降り立って、扉のすぐ側で何やら敬礼をしている。降りる人々はというと、胡散臭そうに彼をジロリと一瞥してはそそくさと立ち去っていく。その青年は、電車が発車する寸前に電車の先頭と後方を見ては何かを確認しながらまた飛び乗ってきた。扉が閉じるのと同時に、さらに前方、後方と確認している。そのときの彼のつぶやきが私にもはっきりと聞きとれた。

「発車オーライ。次の停車駅はなかのぉ〜、中野〜でぇす。この電車は、新宿までまいりまぁ〜す！」

つまり、この青年は電車の車掌になったつもりなのである。それを娘に耳うちして、今度は二人で彼を観察した。次の駅でも同じように飛び降りては同じことを繰り返している。彼の頭のなかでは、この電車と一体になって一生懸命安全確認をしているのであろう。

彼の行動が何を意味するのかわかると、逆に今度は微笑ましく見ていることができた。娘も、最初の怖がりようからは打って変わってにこやかに彼を見ている。しかし、彼の行動が理解できない周囲の人々は、相変わらず眉間に皺を寄せて相手になるまいと離れていった。このままこの人は一日中この電車に乗っているのだろうか……と思っていると、電車は新宿駅に入っていった。

すると、その青年はホームに降りたったまま見えなくなるまで電車を見送り、敬礼をすると人込みのなかをどこかへ立ち去っていった。

このように、未知のものや変わっている所業に遭遇すると、原因がわかるまで私たちは不安にかられることになる。一見して身体的に（たとえば、車椅子に乗っていたり、ダウン症であったり）特徴があれば何とか接する方法を捻出することもできる。しかし、難聴者、自閉症スペクトラム、ADHD[1]、精神障害者などのように、外見がまったく普通の人と変らない場合にはどう接してよいかがわからない。しかし、その人の異常な行動の原因が少しでもわかるか、一般知識として把握することができれば行動の予測ができて不安からも解消されるのではないだろうか。その一番のよい方法というのが、常日頃から知的障害の人たちと接し、彼らの行動様式を自然に把握していくことではないかと思う。また、そのような環境が身近にあるべきではないだろうかと私は思っている。

しかし、昔ながらの施設に障害者をまとめて収容（隔離）していたのでは、いつまでたってもどう接してよいかわからず不安でしようがないはずだ。知的障害をもつ子どもが生まれてくる可能性はすべての人にあるわけだし、交通事故や病気の後遺症が理由で家族の一員がそうなるかもしれないのである。自分の身近な人、あるいは自分自身が障害をもった場合に、山奥の、空気がよいというだけの施設へ隔離されることを果たして望むだろうか？

現在、日本では知的障害者を地域へ還元しようといろいろな試みがなされている。つまり、これまでは施設で保護するだけの選択肢しかもたなかった多くの人たちが、普通の人と変わりなく地域で生活できるようにと希望しているということだ。もちろん、本人にとっても家族にとってもそれに越したことはない。なぜなら、遠くへやることは面会もままならず、家族の絆が薄れていくことが自明であるからだ。しかし、受け入れる家族、グループホーム、また地域も、ただ受け入れるだけでは知的障害者に対してどう対処してよいかわからず、そこに無理が生じてくる。やはりそこには、豊富な受け入れ態勢を整備する必要がある。

福祉大国といわれるスウェーデンでも、振り返ってみれば同じような状況の時代があった。しかし、ノーマライゼーション(2)の表明とともに巨大な施設は閉鎖され、多くの受け入れ制度を設けて、高齢者や身体的障害者だけではなく、知的障害者や精神障害者たちがどんどん施設を脱出して社会地域の一住民として根を下ろしている。果たして、それを実施するときに問題はなかったのであろうか？　また、家族はどのような生活を彼らに望んでいるのであろうか？　そして、知的障害者と呼ばれる人たちは一体どのような生活をスウェーデンで送っているのだろうか？

---

(1)　(Attention Deficit Hyperactivity Disorder)　注意欠陥多動性障害のこと。注意力は散漫で、自分の行動がコントロールできず衝動性、多動性がある。いわゆる、教室のなかでウロウロするなどの問題行動が注目されている。

(2)　二八ページのコラムを参照。

私は、スウェーデンに移り住んですでに三五年が過ぎた。冒頭にも述べたが、作業療法士として身体障害者や知的障害者の生活に直接携っているわけである。これから紹介するスウェーデンの歴史や知的障害者の実生活、それに対応している国の政策や周囲の人々の対応などから、日本の政治家、教育者、福祉の専門家、知的障害者の家族、そのほか多くの読者の方々が日本において何らかの糸口を見つけてくれればよいと思って本書を著した。そして、日本の知的障害者たちが少しでも早く豊富な選択肢のなかから一人でも多くの人が地域に戻り、温かく受け入れられて一般の人たちと共存できるような社会になることを願って止まない。さらに、このような社会が机上論にとどまらず、実際に少しずつ現実になるようにみんなとともにこれからも努力していきたいと考えている。

もくじ

第4章

第5章 スウェーデンにおける知的障害者へのアプローチ……193

みんなの手があれば　（河本　佳子）

完璧な人間はいない
欠陥だらけ　それが人間

足らない部分を障害と呼ぶならば
みんなが障害者

足らない部分を互いに補えば
みんながともに歩める

完璧な人間はいないけれど
みんなの手があれば
不可能を可能にする道が見つかる

スウェーデンの知的障害者――その生活と対応策

第1章

カール・グルネワルド氏（Karl · Grunewald）に学ぶスウェーデンの知的障害者の歴史と現在の状況

先日、知的障害者を対象としている特別学校で、中学と高校が併設されている「パルクスクーラン（Parkskolan）」へ行ってきた。知的障害者に関する歴史で第一人者といわれているカール・グルネワルド氏が、そこで講演するというのを聞きつけて拝聴しにいったのだ。彼は、小児精神科医でありながら心理士でもあり、そのうえ社会庁の上級監査官であった。このような肩書きのため、一九六一年から一九八六年に定年退職するまで、知的障害者ケア委員会の調査官として広範囲にわたって知的障害者のケアに携ってきた。退職してからも、知的障害者の歴史に関する本を出版したり、講演で全国を回ったりと、彼らの生活向上のために積極的な活動を続けている。

このときの講演のあとに、グルネワルド氏と話す機会を得ることができた。さらにその後も、メールを交換しながら、今回私が著すことになった本書の出版に際してもいろいろとアドバイスをしてくれ、インタビューにも答えてくれた。本章に掲載した歴史的価値の高い写真（六ページ〜二六ページまで）の提供者も、このグルネワルド氏である。

それでは以下において、スウェーデンの知的障害者の生活がこれまでにどのような変化をしてきたのかを、彼の許可のもとに、彼の講演内容や『知的障害者とともに歩んだ四〇年間』（Granninger, Göran: 40 år med utvecklingsstörda. Samtal med Karl Grunewald. Fones, Alvesta 1994）、『声なき声』（Grunewald, Karl, Olsson, Thomas: "Utan talan. Historia i bild från omsorgerna om utvecklingsstörda. Liber, Falköping 1997）などの本を要約しながら紹介していきたい。というのも、スウェーデンも日本と同じく、かつては収容施設のなかに知的障害者を隔離するしか方法がないと思っていた時期があったからだ。その後に行われた改革によって、現在のスウェーデンでは知的障害者も何らかの形で社会参加をなし、一人の人間として充実した生活をすることができるようになっている。そして、それが当然でもあるという社会認識ともなりはじめている。

まず初めに、スウェーデンの知的障害者の歴史に触れてその経過を学ぶことが、将来、日本の知的障害者がどのように社会参加をし、地域に溶け込んでいくことが可能なのかを考えていくうえにおいて役立つのではないかと考える。果して、現在の日本は、スウェーデンの歴史上のどの段階にあり、どのような状況にいるといってよいのだろうか。

スウェーデンでは普通教育に関して、歴史的に見て、王様や教会の司祭といった宗教的な力と同時に男性の力が強かったが、こと知的障害者の教育に関しては女性の貢献度が大きかった。グルネワルド氏によると、忘れることのできない五人の女性パイオニアがいるという。この女性たちの活躍を記述しないで、スウェーデンの知的障害の歴史を語ることはできない。

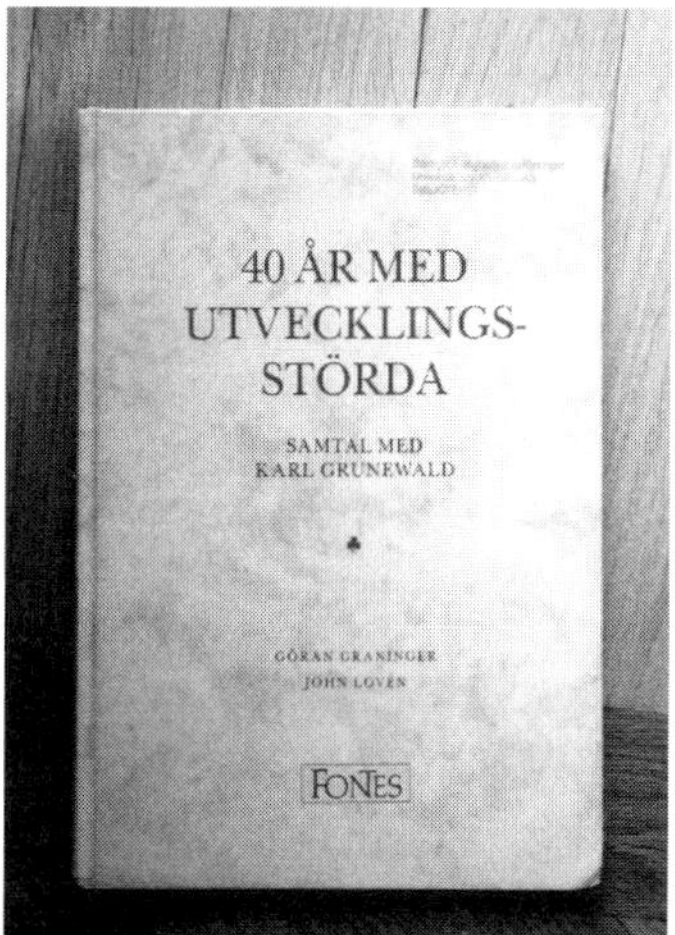

『知的障害者とともに歩んだ40年間』の表紙

記述していくにあたって、最初に断わっておかなければならないことがある。以下で説明することは、一九世紀から二〇世紀の初めにかけてのことになる。必然的に、当時使用されていた言葉（白痴、知恵遅れ、精神薄弱など）を使って説明せざるをえなくなる。現在では使用不適切とされている言葉もあるが、当時の社会観や歴史観を感じてもらうためにあえてそのまま引用させていただくことにした。また、これ以外にも偏見や特別視している差別用語を使用しているなどと受け止められる箇所があるかもしれないが、そういう意図がまったくないことは本書の構成を見ていただければご理解をいただけると思う。

エマヌエラ・カールベック（Emanuella Carlbeck, 1829〜1901）

カールベックは深くキリスト教に啓蒙し、生涯独身であった。彼女の姉の一人の息子がいわゆる「白痴」であった。昼夜関係なく騒ぐこの子どものためにカールベックは、一八六六年、スウェーデンで初の精神薄弱者だけを受け入れるケアホームをゲーテボルイ（Göteborg）に設立した。これより、以前においては聾唖学校の一部が精神薄弱者のために準備されたこと

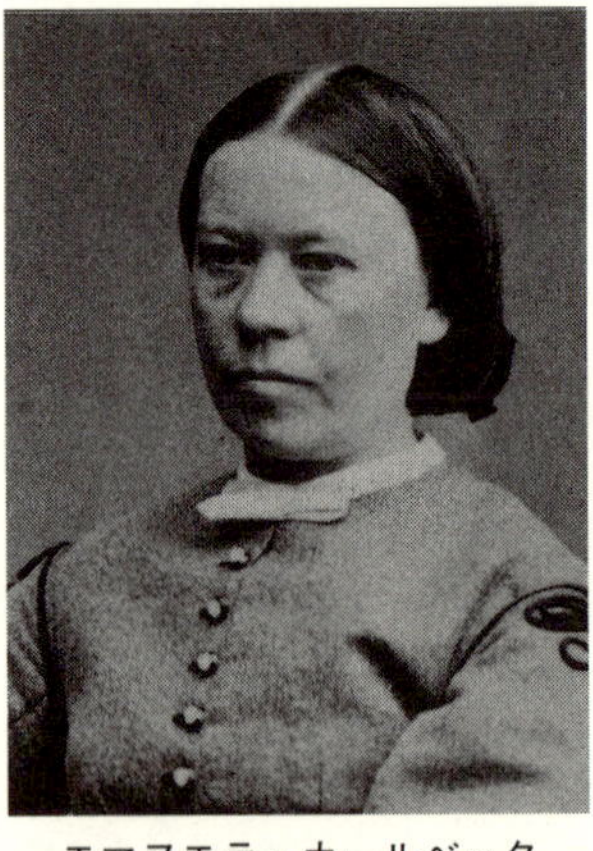
エマヌエラ・カールベック

はあるが、それもすぐに閉鎖されている。

当時は「白痴」に携る彼女も同等視され、周りから「頭がおかしい」と侮辱されたりもした。しかし、キリストの教えに従順な彼女は、粉骨惜しみなく精神薄弱者のために貢献し続けた。その後、彼女の働きが認められるようになって彼女に協力する人も増えてきた。遠くはストックホルムからも、ケアホームを視察するために訪問する援助団体が後を絶たないようになり、経済的な支援も得られるようになった。このストックホルムの協力者たちは、その後、スウェーデン初の精神薄弱者のための学校を設立している。

一八七五年に彼女はマリースタッド（Mariestad）に引っ越しをして、「ヨハネスベルイ（Johannesberg）」というスウェーデン国内でも最大となる「白痴施設」を創設した。

白痴施設に住む子どもたち

そこでは、三〇人の生徒と一七人のスタッフが働き、最終的にはそれまで経済的援助を受けてきたランスティング（県）に譲り渡して初の公共施設となった。

彼女は、七二歳で亡くなるまで、その生涯を精神薄弱者のために捧げた女性である。

エバ・ラムセイ（Ebba Ramsay, 1828～1922）

ラムセイは、何不自由なく暮らし、スコットランド出身の男性と結婚して四人の子どもをもうけたが、早くに未亡人となった。その後は愛する両親のもとで暮らしていたが、やがて父親が亡くなった。その父親は、退職する際にヨーンショーピング（Jonköping）に広大な土地と建物を購入していたが、彼自身はそこを利用することはなかった。

ラムセイは、以前からイギリスの孤児を預かるホームなどを見て回っており、キリスト教のもとに奉仕する姿に刺激を受けていた。そこで彼女は、一八七四年、ゲーテボルイから身体的障害をもっている六人の子どもを受け入れるホームを父親の残した広大な土地に設立して、父親の名前をとって「ウイルヘルム記念の家」とした。そして三年後、ラムセイはスウェーデン人としては初めて精神薄弱者や障害者のためのケアの方法を英語で記述し、『一歩ずつ進むガイド（Step by step on word）』というタイトルでイギリスにおいて本を著している。また、ユージニア王女（Eugenia・一八三〇～一八八九）を交えた支援協会を設立して、ストックホルムに「ユージニアホーム」も造った。

ラムセイは、障害のなかでもとくに癲癇《てんかん》をもった障害者を厚遇した。というのも、当時の民衆学校や精神薄弱者の学校では、癲癇をもっている障害者は受け入れてもらえなかったからである。そこで一八八九年には、癲癇をもつ障害者だけを受け入れるホーム「希望の家」まで設立している。いくら周りから支援があったとしても経済的には常に苦しく、一九三九年には後を受け継いだ国に対して、長女が施設長として残ることを条件に運営の権利を譲っている。のちには癲癇専門の病院として成長し、一九六七年にはランスティングが経営に取り組むことになったが、一九七〇年代、一九八〇年代と新しい薬の発達のおかげで専門病院の必要性がなくなった。

エバ・ラムセイと彼女が設立した「希望の家」

エリサベス・アンレプ＝ノディン（Elisabeth Anrep-Nordin, 1857〜1947）

アンレプ＝ノディンはストックホルムの貴族出身で、水泳が得意であった。それが理由で、聾唖学校「マニラスクーラン（Manilla Skolan）」に水泳の教師として採用され、そこでスウェーデン人初の女性教師として聾唖者を教育する資格をとった。そして、ドロットニングホルム城（Drottningholm）で働いていた父親を通じて、すでに慈善事業に啓蒙していたソフィア女王（Sofia・一八三六〜一九一三）たっての頼みで、目が見えず、耳も聞こえなくなった一一歳の少女の世話をすることになった。彼女は手仕事などをこの少女に教えたが、少女が二五歳になったときには病院に預けなければならないという規則になって別れることになった。そこでアンレプ＝ノディンは、盲人と聾唖という重複障害者が通える学校を設立しようと思い立ち、アメリカやドイツで教育方法を学んで、一八八六年に帰国してスカーラ（Skara）にスクールホームを創設した。そして、そのための支援は貴族や王家から募った。

一八九二年にスカーラからヴェネスボルイ（Vänersborg）へ引っ越しているが、重複障害に加えて精神薄弱をともなう生徒の受け入れもはじめた。というのも、当時は重複障をもつと同時に精神薄弱でもある場合はどちらの学校制度にも適せず、学校側も責任を放棄して彼らを受け入れなかったからである。

ストックホルムにある白痴施設

ヴェネスボルイにある重度重複障害者施設

アンレプ＝ノディンはこれに注目して、一九一三年に聾唖・盲人学校と精神薄弱者の学校のどちらにも属さない重複障害者の教育および生活は国が責任をもって行うべきだと国会に訴えて、新しい制度をつくる運動を推進させた。この法案は幸運にも可決され、社会的にも彼女の快挙が認められ、初の国立の重複障害者施設が造られた。これが切っ掛けとなって、アンレプ＝ノディンの名前はスウェーデン国内とどまらず国外にまでも知られるところとなった。

ベングタ・ハンソン（Bengta Hansson, 1851〜1924）

ハンソンは、スコーネ地方の農民の出身であった。彼女は織物が得意であったために、織物教師としてエマヌエラ・カールベックの創立したヨハネスベルイにある施設に雇用され、そこで一二年間にわたって働いた。そして、一八九五年、ゲーテボルイで精神薄弱の成人女性を対象にした独自の作業所を設立した。のちには、精神薄弱者の教育もそこで行うようになっていった。

当然のことながら、経営は困難な状態が続き、一般人相手に織物講習などを開いて運営のサポートをしていた。そのうち、上流家庭の婦人たちにも認められるところとなり、一九〇三年には「ベタニアホーム（Betaniahemmet）」という支援協会を立ち上げた。このベタニアホームは、ゲーテボルイの真ん中にある三階建てのビルを購入し、そこを作業所にして活動の幅を拡げていった。授業料の払えない貧しい家庭の障害者を次々と引き受け続けたものだから、経営はますます苦しくなった。しかし彼女は、それにもひるむことなく、支援協会のベタニアホームの援助を分割して成人男性の精神薄弱者が働ける作業所も設立した。

一九一一年、ベタニアホームは郊外にあるアスキム（Askim）に建物を購入して、そこに子どもとともに成人男性も引っ越しをし、さらに拡大して私立の施設としてはスウェーデン最大規模の精神薄弱者施設となった。施設名はそのまま「ベタニアホーム」が引き継がれ、ベングタが七三歳で亡くなったときには一三〇人もの居住者がそこにいた。

トールボルイ・ラッペ（Thorborg Rappe, 1832～1901）

若くして結婚したラッペであったが、子どもには恵まれず、四五歳のときに未亡人にな

白痴施設の子どもたち

っている。専門的な障害児教育は受けていなかったのだが、語学に関しては抜群の才能をもっていた。彼女は、一八七七年にスウェーデンで初めてスタートしていた精神薄弱者対象の学校（精神薄弱児ケア学校、一八七〇年設立）の養護長となった。そこで、長年来の希望であった教師としての資格もとり、ヨーロッパやアメリカを視察して得た知識をもとに教育にあたった。彼女は、人間愛に深く、温かく、強い意志をもってあらゆる物事に処したために周囲の人々の賛同も得られ、精神薄弱者に対する教育の向上に多いに役立った。そして、一八七九年からはそのための特別教育教師をここで育成することをはじめ、一八八六年からは自ら教師として壇上に立っている。

彼女が亡くなった二年後の一九〇三年、彼女自らが記述した本『精神薄弱者のための教育者の心得（Några råd och anvisningar vid sinneslösa (idioters) vård, uppfostran och undervisning）』が、初めてスウェーデン語で出版された。内容は、当時の教育メソードや施設のあり方、そして教育者の立場などが記されており、精神薄弱者への罰則は、叱ったり体罰を与えるのではなく、褒めたりサポートをしてあげることこそが必要だと、当時にしては革新的な意見を述べている。さらに、子どもの乳幼児時代がいかに大切で、心理的にも多大なる影響を与えるということも語っている。この本の結びは、以下のようになっている。

一人ひとりの感情の起伏や性格を学習することによって、初めて両親や教師はその子どもの治療や接し方を学ぶのである。

グルネワルド氏へのインタビュー

ここに紹介した五人のパイオニアたちは、それぞれプロセスや場所、年代は異なるわけだが、施設を同じように造り、そこを起点として精神薄弱者との生活をはじめたといえる。では、施設に預ける前の精神薄弱者たちの生活がどうであったかを少し振り返ってみよう。

一八〇〇年代といえば階級制度がまだ厳しく定められており、上から貴族、神父、商人、庶民となっていた。庶民のなかには農民や移民も含まれており、その移民のなかには、外国人と一緒に居住地も仕事もなく放浪の旅を繰り返している人たちも入っている。

産業の振興とともに地方から都市へと人口は増え、失業者と貧困な者がそれに比例して増えていった。わずか一部屋に大家族が重なりあって寝るのは当たり前で、非常に不衛生でもあった。飢えをしのぐのに必死で、白痴の子どもの面倒までみる余裕は到底なく、部屋の隅に放っておかれたか、兄弟姉妹が順番で面倒をみていたようだ。

一八四七年に、貧民を救済するための法律「貧民介護法（Fattigvårdslag）」が初めて設立されている。そして、「貧民の家（Fattighusen）」が至る所に設立されたが、そこには、年齢に関係なく、癲癇《てんかん》をもつ人も、病人も、不治の病の人もすべてを一部屋に集めて収容していたので、その悲惨さは目を覆うものであった。当然、小児病院も少なく、五歳になった子どもたちまでが大人とともに豆の収穫作業をさせられていた時代である。

そして、一八〇〇年代の後半になると、貧民に対する救済も「施し」という形よりも労力のある者には強制的にでも仕事をさせるべきだという風潮になってきた。そのため、貧民の家を出て働く人が増え、そのあとには高齢者や病人ばかりが残ることになった。さらに一八七一年には、国家がコミューンに貧民の家の運営を任せ、その結果、貧民の家は精神薄弱者、孤児、高齢者、病人たちの生涯の家となった。

コミューンは財政難を理由に貧民の家の予算をぎりぎりまで削減し、その結果、無力の貧民が抵抗することもなく最低限の生活を強いられていた。そして、これが逆に、生活の向上を啓蒙するパイオニアたちの手での施設造りの原動力となったといえる。徐々にだが、貧民の家も男女が別々となり、病人を入れる施設、精神薄弱者を入れる施設へと移り変わっていったのである。

一方、聾唖に関しては上流階級の関心も深く、一八〇〇年代の前半にすでに聾唖学校を設立するというほど特別視されていた。しかし、そこに来る一部の者は知的障害ももっていたために、特別な教育を行う教室が必然的に設けられていた。これが、精神薄弱児を対象とした学校のはじまりである。そして一八〇〇年代の後半になって、上述したパイオニアたちの手で施設や学校が設立されていったわけだ。スウェーデン国会は、一八七八年には白痴学校に通っている子どもたちに援助金を与えることを可決し、一九〇四年には作業所にも援助をすることを決めている。しかし、一九一三年にエリサベス・アンレプ＝ノディンが国会を相手取って活躍するまで、重度重複障害の子どもたちには何の援助もなかった。
グルネワルド氏に、この五人のパイオニアたちがスウェーデンという国にどのような影響をもたらしたのかを聞いてみた。

グルネワルド　施設や学校がランスティング（県）や国の運営となるまでは、障害者として秘密にされたり隔離されたりしていた。これら知られざる者の存在が、良きにつけ悪しきにつけ、大規模な収容施設が造られたことによって世間に知られるようになり、さらに自らの手でそれらの施設を創立し運営したという事実は素晴らしいと思うし、社会的に彼らの存在を明らかにしたということは、のちの社会的認識にも大きく影響していると思います。そういう意味でも、真のパイオニアだったといえるでしょう。

水頭症児へのケア

二〇世紀に入っても、学校にある旧式の寄宿施設では子どもは集団で育てられて自由もなく、異常とされるすべての行動は強制的に矯正させられていた。施設内の規律はかなり厳しいもので、白樺の枝さえもが子どもに対する体罰に使用され、それは一九二〇年代まで行われていた。通常、食事を与えない、あるいは行動の自由を認めず、すぐに自分のベッドに寝かせるなどのように強制的な罰則であったが、現代から考えるとかなり過激なものが多かった。そして、施設内での体罰が法的にも禁止された一九四〇年代になっても、このような罰は陰において行われていた。

一九四四年、学習可能な精神薄弱児には学校教育を施すべしという法律ができたにもかかわらず、国家はランスティング（県）にその責任と施行を押し付けるだけで、実際の教育や生活に対するケアがどのようにされていたかに関しては無頓着でいた。そして、その反省に立って、それらをフォローするためにいろいろな調査委員会が設けられたが、想像以上の件数に達していた施設数がゆえに教育というよりも最低限のケアだけが与えられ、半強制的に施設に預けられていた障害者の実態までを調査して把握するまでには至らなかった。

一九四〇年代は、精神薄弱者に対する教師と医師との見解の相違が顕著になってきたときでもある。医者は薬を投じる治療を重んじ、教師は薬で治った精神薄弱者は存在しないとして投薬を拒否し、教育を重んじてきた。ある医者が一九四九年に書いた医療報告は次のようなもので、ダウン症の子どもを手放さない母親を強く批難している。

白痴の子どもを施設に預けるのは当然だ。いまだに子どもを施設に預けたがらない母親がいるが、子どもを手放さないのが母親の愛情だとはき違え、自分自身はもちろん、周囲の人に迷惑をかけていることを考えていない。母親の溺愛は、施設が子どもの自立させようとする教育の妨げとなっている。

一九四〇年代から一九五〇年代にかけては、「暗黒の年代」と記したいほど精神薄弱者が人間としての尊厳を損なっていた時代である。成人の知的障害者の奇異な行動を精神分裂症と一緒にして、ベッドに縛り付け、拘束着を着せて腕や手を縛って自由な行動をさせなかった。そのうえ、人体実験まで行っていた。たとえば、虫歯の予防実験などでは、施設利用者を、砂糖のみ使用するグループと砂糖を一切使用しないグループに分けて、虫歯ができた者に対しては、治療を行わないグループと歯磨きをしないグループに分けて経過を見るなど、本人の意志とは関係なく比較研究の実験を行っていた。このような簡単な医学的実験が、施設内において堂々と試みられていたのであった。

そんななか、一九五一年にはストックホルムに住んでいた知的障害児をもつフレドリクソン（Fredriksson）夫妻が、たまたま同じアパートに住む知的障害児をもつ別の家族を知り、またともに歯医者だということもあって意気投合して、彼らの努力において「知的障害者全国連合会（FUB：Riksförbundet för utvecklingsstörda barn,ungdomar och vuxna）」が発足した。そして、

集団生活をおくる知的障害児たち

園芸指導のもとに畑を耕やす子どもたち

一九五四年には学校教育の改善とともに精神薄弱児が自宅から通学できる学校も増えてきた。と同時に、施設へ入所するための規則は厳しくなり、医者の証明書とともに家庭環境を調査した証明書が必要となった。また、社会的な風潮も改革され、「精神薄弱（sinneslöa）」という言葉の代わりに「発達遅滞者（efterbliven）」という言葉が利用されるようにもなった。

医療技術の進歩や栄養状況の改善などが理由で乳幼児の死亡率も減少し、ダウン症を患った人たちも、一九二〇年ごろには二〜三年の命だったものが、一九五六年ごろには一五歳、さらに一九九〇年ごろには五七歳ぐらいまで延びている。このため、当然のことながら知的障害者の数も増加することとなった。ちなみに、一九三〇年代には一〇万人ぐらいであった遅滞者《ちたいしゃ》が、一九九〇年ごろには約三七万人まで増えている。そこで、労働可能な成人の遅滞者のためにたくさんの作業所が造られることになった。

グルネワルド氏は、一九五六年にある施設で働きはじめたときに、目を見張るような出来事に遭遇したことを話してくれた。

ある日、施設に預けた子どもを訪問する夫婦が、その玄関先に乗りつけた黒い車のなかで長い間押し問答をしていた。その様子のすべてを、施設の窓からグルネワルド氏は見ていた。しばらくして、車から最終的に降りてきたのは母親だけだった。一年に一度切りの訪問であるにもかかわらず、この父親には子どもに会う勇気がなく、車のなかでずっと待っていたのだ。この光景を見たグルネワルド氏はとても大きなショックを受け、深く印象に残る出来事となったそうだ。というのも、この当時にストックホルムというモダンを象徴する街に住み、そのうえ車をもつというブルジョワ階級の代表者で、医療にはとくに理解を示さなければならない医者という同業の立場にこの父親がいたことから、知的障害児の我が子を受け入れられない姿にグルネワルド氏の心は大きく揺さぶられたのだ。

知的障害者への治療や人間的対応策を遂行する場合に、「一番の批判者となり、無理解さを示したのは残念ながら同僚の医者たちであった」と、グルネワルド氏はいう。この父親が車から降りてこなかったという出来事のほかにも、医者間における上下関係の難しさ、各コミューンやランスティング、また国会など行政間の境界線もわかりにくく、現況の認識も薄く、現状維持でよいとする保守的な壁も厚くて施設の現場は変更することができなかった。どうやら、それぞれが責任転嫁をすることだけに追われていたようだ。

彼がさらに驚かされたのは、施設にいる子どもたちが、自分が学んできた児童心理学からはほど遠くかけ離れており、虐げられた存在であったことだ。これらの子どものなかには孤児もいたが、両親がいてもこの子どもたちの存在を無視して、施設にも会いにこない両親がいたという事実だった。このことによって、医者として学んできた学問が、両親の苦しみを少しでも軽くすることだけに焦点を置いており、肝心の子どもの精神的苦痛については無視をしていたということに気づかされた。

当時の社会風潮では、両親が障害をもつ子どもを施設に預けるのは当然とされており、医学的にもそれが賞賛をされていたのだ。また、一九四〇年代にグルネワルド氏が医学を学んでいたとき、知的障害者に関しては早足で通りすぎる程度の勉強であったそうだ。このような、医者における教育の根本を見直すように、今、改めて反省しなければならないという。

一九六一年、グルネワルド氏はそれまでの経験を買われてケアホームなどを調査する社会庁派遣の監査役人に抜擢された。そして、これまでには一度も調査されたことのなかったウプサラ（Upsala）にある施設を訪れることになった。

ここのある病棟では、窓は壊れ、床にはオモチャが一つもなく、子どもが寝転がったままだった。そのなかの一人は小さな部屋に閉じ込められていて、ベビー用の檻のついたベッドに横たわったままであった。グルネワルド氏がベッドに近づいて、その子どものかけ布団を持ち上げてみると、何と、子どもは両腕を後ろに縛られたまま横たわっていたのだ。驚いて、責任者であるケアホームの院長になぜこのようなことをしているのか尋ねると、医者でもある院長は返事に困り、その病棟の担当であった婦長に同じ質問をしたが、その婦長も答えに窮し、担当の保母に振ってしまった。

当時の人事管理制度では、各スタッフが行っている詳細までを把握はできていなかったのだろう。それに、まさかかけ布団まで持ち上げて検査をするとは思ってもみなかったらしい。そして、その保母の答えはというと、「その子どもは目が不自由で、両手を使って目を傷める自虐行為があるのでこうした」という返事だった。その答えに驚いたグルネワルド氏はその紐をすぐに解いてやり、ベッドで寝れるぐらいならば床でも自由に動けると思い、床にオモチャを置くように指示して、心の奥から込み上げてくる憤りを抑えて部屋から出ていったそうだ。

このほかにも、トイレは粗末で数も少なく、衛生面での充実を図ることなどを注意して、改善要求をする報告書を提出したので事態は好転するものと思っていた。ところが、世間に公表されたこの報告書を読んだ施設の院長が激怒し、医療関係の雑誌にグルネワルド氏の報告書はでたらめで、現状を誤解した報告をしていると発表した。てっきり施設が改善の方向に向かっていると思っていたグルネワルド氏は、報告書の真意を疑われて逆に批判を受けてしまったのだ。さらに、それ以外にも数々の痛烈な批判の手紙が社会庁にも届き、監査の必要性を問うものまであったそうだ。

この反論について関心をもった大手の新聞社である「ダーゲンズニーヘーテル（DagensNyheter）」や夕刊紙が、施設の悲惨な状況に興味をもつ記事として大きく取り上げた。幸いなことに、記事の内容はグルネワルド氏の報告を証明することになり、施設のあり方、精神障害者の教育のあり方などを社会に訴えることとなった。そして、そのおかげで政治家たちの関心をも得られるようになった。とはいえ、現実にはさほど改革の兆しを見ることはできなかった。一九六五年、ある医師によって書かれた別の施設の報告書がそれを証明している。

職員たちは、はじまったばかりのテニスのトーナメントをテレビで観るために、知的障害者たちを各部屋に閉じ込め、出られないように鍵をかけていた。扉についている窓ガラスからなかを覗くと、部屋のなかは糞尿まみれとなっていた。試合のインターバルのときに職員は急いで知的障害者を掻き集めてシャワー室へ押し込め、汚物まみれとなっていた裸の彼らにホースで冷たい水をぶっかけて洗浄した。その後、また彼らを各部屋に閉じ込めてしまった。夕食のときには、アルミのお皿に卵とパンとココアを全部混ぜて入れて、お粥状態になったものを口に流し込んでいた。まだ外は白夜で明るく、自然の美しい夏にもかかわらず、一八時にはベッドに寝かされてベルトで彼らを縛り付けていた。視察したときに感じた異臭は数日後まで鼻につき、衣服は何日も風を通さなければならなかった。

これほどひどくはないにしろ、このような集団の収容施設はますます増えて、一九四二年には二四時間のケアをする施設が全国で一四〇〇軒だったのが、一九六〇年には何と倍の二九〇〇軒にもなっている。もちろん個人部屋はなく、大部屋に四人から八人用のベッドが置いてあり、通常、一二人から八〇人にも上る子どもや大人が収容されていた。そして、これらの施設は社会から完全に隔離されていた。

当時、施設に収容することを優先する理由としては、「知的障害者が孤立しないためにもお互いがともにいることが望ましい」というものがあった。さらに、次のようなことも理由として挙

精神障害・重度知的障害者の収容施設に住む男性たち

巨大なヴィッペホルム（Vipeholm）の収容施設

げられていた。

「知的障害者には彼ら独自のコミュニケーション方法があるのでそれを保護するべきであり、過大な要求をするのではなく、彼らのレベルにあった体制でなければならない。そのためにも、施設というところに彼らを集めなければならない」

監査役として施設を回るグルネワルド氏に対する風あたりは想像を超えるほど厳しいものであったわけだが、その状況を彼はどのように受け止めていたのだろう。

グルネワルド　監査役として見回るときに、私は二つのことに注意をしていました。一つは、非常に細く丹念に調査するということです。地下室から屋根裏まで、どこも見落とすことがないようにしました。施設の院長ですら入ったことのないところまで、念入りに調べて回ったのです。もう一つは、そこに住んでいる知的障害者に必ず挨拶をすることです。たとえベッドのなかで寝た切りとなっている人であっても、必ず掛け布団をめくってその人の手に触って挨拶をしました。施設のスタッフたちが「この人は、側によると暴力を振るうので危険です」と忠告しても、私は平気でその人に挨拶をしました。こうすることで、彼らと一体となって、その施設の雰囲気がつかめたのです。ですから、たとえ周りから厳しい批判を受けても、私には正しいことをしているという誇りがありました。ゆえに、焦燥感や憤怒を感じるのは子どもを椅子に縛り付けて平気でいる職員たちであり、報告書にトイレの改善を書いて出していても無視をする施設長たちなのです。監査をしながら、あまりの悲惨さに何度も中断して、外気を吸わなければ続けられないようなところもたくさんありました。今でも鮮明に記憶しており、思い出しただけでも怒りが込み上げてきます。しかし、ベッドのなかで生きた屍《しかばね》のように放置された子どもや、汚物にまみれている子どもたちの助けを求める瞳に勇気を与えられ、彼らに代わって声を大にして叫びたかったのです。

当時においてただ一点の光明として挙げられることは、一九四二年には自宅から通える精神薄弱者の学校数が施設と同じように少なく二二五校でしかなかったのが、一九六〇年には一七〇〇校と増加をし、その後、ノーマライゼーションの普及とともに、二〇〇〇年には一万八五〇〇校という大飛躍をしたことである。

この「ノーマライゼーション」であるが、一九六三年

コラム　ノーマライゼーションのコンセプト

巨大収容施設に収容されているすべての障害者には、一人の人間として普通の生活を送る権利がある。いわゆるノーマルな一日、一週間、一年と、生活のリズムを体験する権利がある。さらに、子どもから大人へという人生のライフサークルを体験する権利がある。そして、最終的な自己決定権を有し、性生活、住居、生活水準を得る権利をもっている。これらに基づいて、収容施設から地域社会へ戻り、一般の人と何ら変わらない生活が送れるようにすることである。

にグルネワルド氏を筆頭にして創設した「精神障害者のための北欧協会（Nordiska Förbundet Psykisk Utvecklinghämning）」の主催する学会で、デンマークのケア委員会の会長でもあるニルス・エリック・バンク＝ミケルセン（Niels Erik Bank-Mikkelsen）が初めてこのコンセプトを紹介した（**コラム**参照）。それ以前にも似たような協会はあったが、実際に協会新聞を出すなど具体的に北欧五ヵ国が協力しはじめたのはこの協会が設立されてからである。デンマークでは、四年前となる一九五九年に精神薄弱者の生活の条件としてノーマライゼーションを法案で取り上げている。このノーマライゼーションの考え方は、デンマークだけではなく、スウェーデンでも成人の精神薄弱者が働ける場所を確保するための手段として取り入れられていた。

それでは、なぜノーマライゼーションかとなるわけだが、答えは簡単である。「子どもにとって何が一番重要であるか」さえ考えれば、おのずと答えは出るとグルネワルド氏はいう。精神薄弱児もほかの子どもと同様に、親子の愛情の必要性、保育の継続性、そしてスキンシップなど、普通の家庭で日常的に行われていることをしながら過ごすのが一番いいのである。一般家庭で繰り広げられるノーマルなライフサイクルを、巨大な収容施設で行おうとしても無理なことだ。つまり、家庭の代わりとなる巨大施設はどこにもないのだ。もちろん、家庭的な交流以外にも精神薄弱児には特別な医療や作業療法、そして特別教育が必要となるかもしれない。しかし、それらとて、施設などで優先されるべきものではない。

とはいえ例外はある。重度重複障害者のニーズを考慮すれば、やはり施設的な援助が必須となる場合もある。しかし、それはあくまでも小規模的な環境での援助の実行であるわけだから、人里離れたところにある大規模な施設はなくすべきである。しかし、私が思うに、これまでの公共施設の形態を改善して質を向上すればすべての施設を廃止しなくてもよいと思う。たとえば、かぎりなく家庭の雰囲気に近づけるために小規模の施設に分割するとか、一般家庭のライフサイクルにあわせて、施設を住居と労働の場に分けるとかグループホームにするなどして、人それぞれにあった選択肢が与えられればよいのではないかと私は思う。

一九六七年には、「福祉法（Omsorgslagen）」が成立し、「発達遅滞者」という表現から「知的障害者」という言葉が使われるようになった。ここで初めて、すべての知的障害者や重度重複障害者が一般の保育園や特別訓練学校に通えるようになったのである。そして、一九六八年には、知的障害者の人間的生活を少しでも向上させようとする援護法案が可決された。そんななか、閉鎖されて減少していく施設のなかでも、改善や改良を重ねたところだけが最後まで残った。その後、一九七六年には「強制不妊法（Lagen om Tvångssterilisering）」が完全に廃止され、これまでに強制不妊手術を受けた患者に対して一七万クローネ強の補償金を支払うこととなった。

施設が減少していくなかで、通学可能な特別学校が増加していった。それにあわせて福祉に対する考え方も変わり、援助も幅広くなっていったわけだが、まだまだ特別学校を卒業した成人が働ける場所を確保することは容易なことではなかった。

そして、一九八五年には「特別社会福祉法（Särskilda omsorgslagen）」が改善施行され、「みんなと一緒」という権利が保障された。この法案成立にも、グルネワルド氏は加わっている。この法律は、一九七七年からの調査報告書に基づいて、ノーマライゼーションやインテグレーション（統合）が社会的浸透を見せて知的障害者の長命を考慮し、成人の知的障害者の自立や自活を重視して目標として作成されたものである。それにより、大きな施設は消滅して、ショートステイホームやグループホームが用意された。そして、それらの施設の現状を踏まえて、このときから国会では最低限の基準だけを決めて、細かな規則はランスティング（県）やコミューン（市）に一任することとなった。

ノーマライゼーションをすすめるにあたって、問題点などがなかったかとグルネワルド氏に尋ねてみた。

グルネワルド　少しだけ後悔しているのは、当初、ノーマライゼーションを推進するにあたってその幅の広さや底力というものをよく把握していなかったことです。ほかの人たちがノーマライゼーションを叫び出す五年くらい前から、私は同じような原理で具現化を考えていました。しかし、ランスティングはわれわれが提案する施設の新築や改築にコストがかかりすぎると批判し、われわれが出す報告書や要求書に閉口していたようです。スウェーデンでは報告書はすべて公表され、法的に問題がないかどうかもチェックされます。これが、発表前のノーマライゼーションのコンセプトと一緒ではあったのですが、残念ながら受け入れられることはありませんでした。今考えてみると、ほかの障害者のニーズなどにも目を向けてゆっくりと推進すればよかったのかもしれません。現に、同僚の医者からも知的障害者は施設や病院での介護や治療が必要だと反対されましたし、障害児の家族、施設の職員からも、施設に居住するほうが知的障害者にとっても良いといわれて反対されました。当時のほとんどの人には先のことが見えていなかったのでしょう。このように、難点はいろいろありました。

一九九三年、身体障害者および知的障害者の人権法が国会において満場一致で成立した。さらに、一九九四年の「LSS法（Lag om stöd och service）」により、障害者の程度を第一、第二、第三と大きく分割して援助をするサービスをはじめた。自閉症や知的障害者はすべて第一グループに属し、パーソナルアシスタント、リードアシスタント（週末になると映画などに一緒に行ったり、週に数時間リードをしてくれる人）、ショートステイホーム、移送タクシーなど、多くの援助が受けられるようになっている。第二グループは、病気や不慮の事故で後遺症が残る人たちで、第三グループは、重度重複障害をもち日常生活に多大の障害がある人たちを対象にしている。そして、そのほとんどの人が何らかの援助を受けてはいるものの生活は自立しているのだ。

現在の知的障害者の生活を見てみると、ノーマライゼーションの形態はほぼ目標に達したといえるのではないだろうか。この点について、グルネワルド氏に聞いてみた。

グルネワルド　街のセンターにあるデイセンター（授産施設・作業所）に知的障害者が通うということは、それまで隔離されていた障害者が地域に出ていくということです。つまり、社会を構成する一員として社会に参加するということになります。このように、知的障害者が一般の人のなかにインテグレートされていくということはこれまでの歴史を覆すことにもなります。世間に対して恥ずかしい、人目にさらしたくないという、家族がもっていた偏見を根本から覆し、逆に一般社会の人たちの知的障害者に対する態度を改めさせ、すべての人権は尊重されるものであることを再確認させることになるデイセンターの役割は貴重なものです。毎日の生活のなかで、彼らと共存していく第一歩がこのようなデイセンターからはじまったのです。現在では、物理的にも身体的にもインテグレートされていると思いますが、まだ足りません。今以上の社会的インテグレートが必要です。つまり、知的障害者がほかの人とまったく変らず、均等に社会と関係をもって社会活動に自然な形で参加できるようになって欲しいのです。学校教育の内部ではいまだに経済的にも援助は少なく、事務的な処理も多く、目標に到達するまでにまだまださまざまな障害があります。さらに、成人の知的障害者は労働社会に十分に参加できているとはいえません。希望としては、健常者と同量の仕事をこなすのではなく、サポート雇用制度をつくって、一般会社は知的障害者を雇うのに「能率が悪くても、別に上手に仕事をしなくてもよく、その人のレベルにおいてできる仕事をしてくれればよい」という、その人に適応した条件で一般の会社で雇用することができればよいと考えています。最近では、時代の変化なのか、知的障害者のことをよく知らない若者が増え、その彼らが政治家や保健福祉の担当者になってきているので一抹の不安が残ります。

現在のスウェーデン社会では、障害者が一般の人のなかに溶け込んでいるように私には見える。もちろん、その形態はさまざまであるが、少なくとも身近に障害者がいる。新しい世代の人たちは、身近に接している障害者と違和感なく過ごしているようにも思える。違和感がないということは、それだけ偏見もなくなっているということになるが、グルネワルド氏が危惧するように、知的障害者への認識や知識が減少していると感じる面がないわけでもない。

グルネワルド氏が熱して止まない知的障害者の背景には、物理的な充実という目標があった。彼らが居住できる建造物の充実性、自立生活できる住居、個人の家具、個人の生活必需品、個人の賃金など、物質的に自立を促すための整備が必要だと提唱してきた考えが根底にあり、それら数々の目標を達成するためにグルネワルド氏は前進してきた。それと並行して、一般社会の偏見や態度も意識改革がなされてきたのではないかと思ったのでその点について尋ねてみた。

グルネワルド　もちろんです。私が一九五七年に講演したときのことが新聞の記事として残っているのですが、そのころは施設の学校行事にさえ両親は参加していなかったのです。学校長に、両親を混えての講演会をしようと提案したときも反対されました。繰り返し繰り返し私が提案するものですから、最終的には両親を混えての講演会が開かれました。それまでの講演会では、主に内容は知的障害というものがなんであるかという医学的な説明が多かったのですが、このときは、会場を埋め尽くした両親や関係者に向かって私は学校への要望があるかどうかなどを直接尋ねました。また同時に、彼らの要望をどのようにして学校側に訴えていけばよいのかなど、実りある話し合いももたれました。その結果、私が提案する「親の会」が発足されて、彼ら自身で運営していくために名前も会員として登録されたのです。両親たちが一同に集まるということは、お互いが知的障害者の親であり同じ苦しみをもっているということを再認識することにもなり、難題を抱えて一人で孤立しなくてもよいという安堵感や連帯感も生まれました。しかし、後日、地域の同僚の医者から「親の会」を発足したことを批難されました。彼女がいうには、これまで知的障害者がいることを世間に隠していた親の名前までが公表されてしまい、学校という専門の運営制度にまで両親を巻き込んで、さらにその改善までを私が親とともに要求してしまったというのです。現在では、学校側は親と協力することが当たり前になっていますが、当時ではあまりにも大それたことだったのです。

この当時から三〇年ほど経過した一九九三年、国会で知的障害者の人権が法的にも成立しました。メンタリティの改革は、順調に、しかも進歩的にすすめられてきたと思います。

続けて、いったい何がこれほどまでに彼を熱中させたのかを聞いてみた。

グルネワルド　われわれの内には、常に前進しようとするパワーがあります。それは、深層部分から表層部分まで広い範囲にわたっています。ただ、それを発見して認識する、つまりパワーを自覚してそれをいかに使っていくのかが難しいと思います。私が監査役人になった当初の一〇年間は、単に得られた知識をみんなと分かち合おうと思っていました。それから、監査役という立場、役目を駆使することで、たくさんの人の生活条件が改良できるという喜びに酔いしれていました。

一九六九年に渡米して、裕福だといわれているアメリカの施設を視察して回りました。そのとき、裕福の裏側で喘いでいる知的障害者の姿がよくわかったのです。そしてその時点で、それまで以上に自分が監査役として、物理的なものだけではなく精神面でも多大な影響をスウェーデンの施設に与えることができるのだということを理解しました。また、改良されたケアプランのおかげで知的障害者の精神的発達は遅滞《ちたい》するどころか進歩することも発見され、仕事への意義も改めて感じました。それからというもの、私は一般の人や政治家たちの協力を得るためにかなり革新的になったと思います。改革の途上において反対や抗議に出合うこともたびたびありましたが、反対されることでますます自分は正しいことをいっていると確信し、闘志を燃やしたものです。というのも、仮にそこで挫折してしまったならば、それこそが自分自身や知的障害者への冒涜となり裏切りになってしまうのではないかと思っていたからです。

一九七九年には、国会もわれわれの提案を受け入れて、施設ケアの大々的な調査に踏み切りました。そして、二年後の調査報告の結果は、すべて私が望んでいたように、施設の閉鎖、知的障害者の人権を重んじて法律を検討し直すなどの改革プランを肯定するものでした。退職するまでの最後の五年間には新しい法律も施行され、施設にいた知的障害者が地域へ移行する画期的な出来事も体験することができました。そして最後には、一九八六年に改正された「知的障害者援護法（Omsorgslagen）」の編集も手伝うことができたのです。

最後に、「ノーマライゼーションを実現させようとしている日本に対して何か助言がありますか」と尋ねたら、次のように答えてくれた。

グルネワルド　施設にいる知的障害者の行動の異常さから、彼らの人格を判断しないでください。彼らが内に蓄えている能力は、最高の環境のなかから生じてきます。最高の環境とは、精神的にも、社会的にも、刺激のあるノーマルな居住環境のことです。

ハビリテーリングセンターの役割

さて、本論へすすむ前に、私が勤めている「ハビリテーリングセンター」を紹介しておこう。

私がこれまでに著した三冊の本を読まれた方はご存じと思うが、私の働いている職場というのは、スウェーデンの南部にある人口二七万人強の国内第三の都市マルメコミューン（市）にある唯一の病院「マルメ大学総合病院」である。マルメの住民は、病気になるとまず居住地の診療所で初見をしてもらい、専門家の治療や手術などが必要であると判断されたすべての人が診療所を通してマルメ大学総合病院に対して診察の申請がされる仕組みとなっている。

その病院の一角にハビリテーリングセンターはある。ここには入院設備はなく、何らかの治療と訓練を必要とする患者が、〇歳から成人する二〇歳までの長い期間にわたって必要に応じて自宅から通院してくる。患者のほとんどが生まれつきの身体的あるいは知的な障害をもっている人たちのため、「はじめに」でも述べたように再生や復帰を表す「リハビリ」の「リ」を削除して「ハビリ」と呼んでいるのだ。いわゆる、日本でいうところの「小児・青年リハビリセンター」だと思っていただければよい。スウェーデンのスコーネ地方にはこのようなハビリテーリングセンターが一一ヵ所点在しているが、マルメにあるものが一番大きなセンターとなっている。

ハビリテーリングセンターの正面

このセンターには、約八〇人の各種医療の専門家が常時勤務しており、それらをいくつかの医療チームに分けてサービスにあたっている。専門家とは、医師、看護師、作業療法士、理学療法士、心理療法士、言語療法士、医療ソーシャルワーカー、特別教育教員、余暇コンサルタント、マッサージ師、医療事務員などである。

もし、対象年齢の患者が、手術や投薬療法を必要とする場合はマルメ大学総合病院内にある小児科に入院することになる。そして、そこにハビリテーリングセンターから必要な専門家が派遣されてサービスにあたることになる。

知的障害者に対するハビリテーリングの役割は、学校、家庭、福祉行政をまとめる蜘蛛の巣の中心部分のような存在といえる。生まれてすぐに何らかの知的障害をもってしまった場合は、ハビリテーリングセンターに登録されて多くのサービス援助が自動的に受けられることになる。登録するか否かは、もちろん両親の決断次第である。初めは登録を拒んでいても、子どもが大きくなるにつれてさまざまな問題が出てくることになる。そのときになって登録してもよいし、センターとはかかわりなく生活を続けてもよい。ちなみに、一人のダウン症の子どもが生まれたとすれば、ハビリテーリングセンターからは次のような援助が受けられることになっている。

・医者や看護師の定期的検査。
・医療ソーシャルワーカーから法的な個人権利のインフォメーション。各種の福祉援助のインフォメーション。保険事務所への申請などの援助。

・特別教育教員の指導する週一回あるダウン症グループ活動への参加。他のダウン症の親との交流。教育的指導。
・理学療法士が指導する赤ちゃんスイミングへの参加。
・言語療法士が手話の指導。食事を与える方法などの講習。
・作業療法士による日常生活作業の援助・補助器具や住宅改造の援助。
・心理療法士による能力検査と小学校の特別学級への補佐。

〔ハビリテーリングセンターの役割や内容について詳しく知りたい方は、拙著『スウェーデンの作業療法士』を読んでいただきたい〕

このようなことを行っているハビリテーリングセンターで、私は作業療法士として働いている。簡単にいうと、日常作業を円滑に行うための機能を指導および訓練することである。これは、身体的に欠陥のある部分を快復させるためだけの機能訓練ではない。残った健康な能力および潜在能力を利用して、普通の生活が営めるように援助をするのだ。また、日常作業とは毎日の活動のことをいい、そこには個人の身体的機能、知的機能、取り扱う道具の補助機能、自宅や学校の住宅環境、個人を取り巻く周囲の人間関係などまで、社会環境のすべてが含まれている。

最近になって日本でも訪問看護が増えてはいるものの、まだまだ作業療法士たちは病院のなかから抜け出せない状態にある。通院してくる患者の身体的訓練に励むのが精いっぱいというところであろう。しかしこれからは、病院内にとどまることなく、患者の身近な環境に接することによって作業療法のあり方がどんどん改善されていくと思われるので、どんどん外に出ていくようにしてもらいたい。

スウェーデンの作業療法士は、患者が携る社会全体の機能を対象として起用されている。マルメのハビリテーリングセンターを考えてみると、たとえば作業療法士が医療を代表して教育の現場に行って学校側と教育環境の整備を交渉したり、患者の日常生活を評価して福祉的な援助やケアのニーズを訴えることもある。つまり、医療、教育、福祉という患者にとってもっとも重要となる三部門の境界線を越えてネットワークをつくっているわけだ。

身近な作業訓練としては、衣服の着脱、衛生管理、食事摂取の指導などで、周囲の人とのコミュニケーションが推進できるようにサポート環境を絵や図で整備することもある。根本的な指導内容は、日本とたいして変わらない。また、活動に必要な自助具や補助器具を整えるのも作業療法士としての重要な役目となっている。

そのほかにスウェーデンの作業療法士として特徴的なのは、住宅改造など、バリアフリーの環境を整備するためにコミューンの建築課と一緒になって自宅や学校の環境評価をすることであろう。とくに、住宅環境に関しては非常に力を入れている。それを証明する一文がちゃんと住宅改造法に書いてある。

～障害をもつ人が日常生活を円滑に送れるように、必要不可欠な改良を住宅改造として行う。

そのうえ、コミューンの建築課には、私たちのような作業療法士が申請する評価の補佐をする専門家として二人の作業療法士が雇用されている。だからといって、本書で紹介したいのが段差などをなくするバリアフリーだけのことだけではない。知的障害者が必要とする、知的環境を整える心のバリアフリーのことも多々含まれている。

特別学校

スウェーデンの学校教育制度においては、現在、知的障害児のためにどのような工夫をしているのかも紹介しておこう。

一歳になって両親の産休・育児休暇が終了すると、知的障害、身体障害にかかわらず、両親が望む居住地域の保育園に通園することができる。もし、特別な機能障害をもっていて特別な援助が必要な場合は、コミューンの負担によって、移送タクシー（スクールタクシー）、アシスタントの雇用、保育園のバリアフリー化など、数々の援助が得られることになっている。そして、保育園から小学校へ上がる年齢になると、〇《ゼロ》学年（すべての六歳児対象）と称して就学前教育へとすすむことになる。

保育園から外へお散歩

一般的な小学校

スウェーデンにある基礎学校（九年間）は日本の小・中学校にあたるわけだが、そのほとんどがスウェーデンでは公立で運営されている。そして、基礎学校が終わると高校、大学へと進学ができる。日本と同じシステムなわけだが、日本人にとって羨ましいのは、進学するためにはそれぞれ中学、高校のときの成績だけで進学できて入学試験がないことだろう。また、その成績が悪い場合は、成人学校で成績を上げるための再教育が受けられるというシステムもある。そのうえ、これまた羨ましいことに高校、大学の学費、教材のすべてが無料となっている。

大学での生活費は国からの就学ローンが借りられるので、無駄遣いさえしなければ、両親から独立して一部屋のアパートを借りて学生生活を送ることができる。授業料などのかかる美容やマーサージ師などの私立の職業専門学校も例外としてあるが、高校や高等教育などの公共の成人学校レベルでは国やコミューンから援助があるので、若くても自活ができる。

教育行政の構造を見ると、大きく分けて「中央レベル」、「地方自治レベル」、「地域・地区レベル」の三つに分かれている。それぞれを簡単に説明すると、以下の通りである。

中央レベル——国会にある文部省が教育制度の改革、学習指導要領の作成、予算問題の調達をし、中央教育庁が地方や地域の教育委員会の行政処理方法の調整にあたる監査役を行っている。

地方自治レベル——文部省の学習指導要領に基づいた内容指針を地域レベルに伝達すると同時に、各種施設や人事移動などの業務を執行している。

地域・地区レベル——地域プランや学校での学校プラン、教育プログラムの作成、個別ニーズに対応するなど、直接の業務を執行している。

スウェーデンの教育における基本原理は、民主主義に沿った教育指導で、平等、連帯、民主主義、教育の実用化、そして生徒の活動を重視している。簡単にいえば、生活に密着した教育がなされているのだ。経済的、地理的、社会的階級、人種などの差別がなく、誰しもが教育を平等に受けられるようなシステムになっている。つまり、誰しもが教育を受ける権利があるということだ。この「誰しもが教育を平等に」のなかには、当然、機能障害をもった障害者も含まれている。たとえ重度の重複障害をもっている児童に対しても、学校側は対応しなければならないのである。教育免除などの特例はなく、学校側が移送タクシーを確保し、リフトを整備して環境をバリアフリーにし、彼らのために個人アシスタントを雇用するのである。障害をもっている児童を受け入れるだけの体制を整える義務が、学校側に課せられているのだ。もっといえば、特別な病気で長期入院を強いられる場合にも、病院内に専属の教師がいて教育が受けられるくらいである。

知的能力の足りない障害者の教育に関しては、主にコミューン（市）の管轄である地域・地区レベルが担当している。個々の特別なニーズに対応するために学校教育は柔軟であり、統合される場として普通学校内に豊富な形式を取り入れている。ノーマライゼーションやインテグレーション（統合教育）が推進されたことで、各機能障害に必要な特別指導はなるべく自然な形におい

表1　知的障害者教育への対応策のいろいろ

- 身体的機能障害があっても普通の知的能力があれば普通学級に通い、学校側が雇うアシスタント（ヘルパー）の援助が部分的に受けられる。
- 普通学級の生徒で、ある学科に遅れるボーダーラインの子どもがいた場合、特別指導として、その学科に関しては別室で個人授業が受けられる。
- 普通学級のなかに数人の知的障害児が統合されており、それぞれにアシスタントがついている。
- 普通学校のなかで、特別ニーズのある子どもたちが数人いる場合には特別学級として一つのクラスを設ける。
- 普通学校の敷地内の一角に特別学校が設立されている場合は二種類のコースがあって、身体的には問題なく、普通児よりやや劣る生徒の通う特別基礎学級と、身体的にも知的にも重度、あるいは重複障害をもつ生徒の通う訓練学級とに分かれている。特別基礎学級では、最低限の教育科目を取り入れるか、生活に必要な科目を個々のニーズにあわせて優先している。訓練学級では、コミュニケーション、運動、芸術活動、日常生活作業などが主体となっている。つまり、養護学校に基礎学級と訓練学級があると考えていただきたい。
- 地域に特別学校や統合できるべき学校がない場合には、ほかの地域へ知的障害児を送ることもある。その場合は、居住地域の委員会は特別学校のある地域へ教育費を支払い、移送タクシーを準備しなければならない。
- 地域内には、「生徒の家」と呼ばれていて重度ADHD、自閉症などの特別なニーズを必要とする子どもばかりを集めている小さな一軒家、あるいはアパートの一部屋が学校になっている場合もある。3～4人の生徒を一クラスとしている。
- 自閉症児を集めた独立した特別学校もある。

て普通学校内で行われるようになった。現在では、インテグレーション（統合形式）よりもインクルード（包括的）へとその方向性が変化しつつある。つまり、二つのものを統合させるのではなく、すでにそこに含まれているものと考えるのである。

とはいえ、すべての地域で同じ形式をとっているわけではなく、予算との兼ね合いで障害児への対応はさまざまな形態となっているので、その特徴となるところを**表1**に挙げておく。

以上、私の知るかぎりの特徴を列記したが、これ以外にも保育園の一角を自閉症児専門のクラスにしているところなど、数々のユニークな対応策がとられている。どの地域も、個人のニーズと教育における予算と格闘しながら、形式にとらわれずにその子どもに一番適した解決方法をとろうと努力している。よって、スウェーデンでは前例がないからこれはできないという言い訳は通用しない。前例がなければ、実験的に別の形態を試してみるというのがスウェーデン流である。

マルメコミューンは居住区を一〇地区に分割しており、各地区に独立した委員会が設けられている。このなかの一つの地区で、知的障害児を小学校へ上げるための調整委員をしている友人のスサン・ファクセ（Suzanne Faxe）に現在の状況を尋ねてみた。彼女は、数年前までハビリテーリングセンターで特別教育教員として私とともに働いていた人である。

彼女が働いているマルメコミューンのフォーシェ（Fosie）地区は、圧倒的といえるほど移民が増加している地域である。地区の広さは一万二五〇〇ヘクタールと広く、人口は四万人ほどで、そのうちの三五パーセントが移民である。一ヘクタール（一〇〇メートル×一〇〇メートル）に三一人の居住者となるように、一人当たりの空間がゆっくりと確保されている。

マルメ内のほかの地区と比べてみると、このフォーシエ地区は知的障害者の数が一番多い。新学期がはじまった二〇〇四年九月には、一六人の知的障害をもつ一年生が入学してきた。このとき、マルメ内で義務教育を受けている生徒数は二万九〇〇

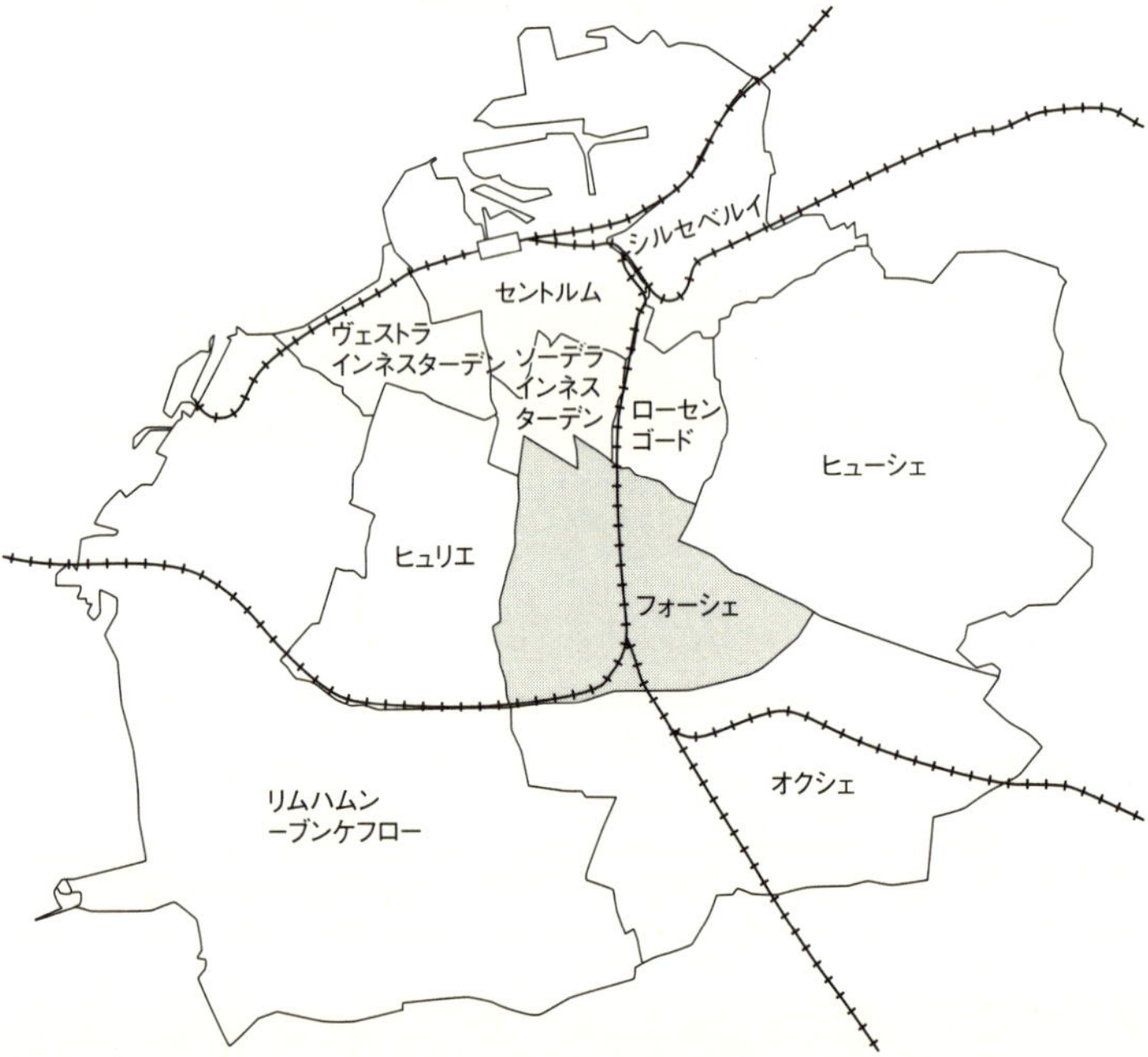

マルメコミューンの地区分け

○人ほどで、そのうち特別学校を必要としている生徒は四○○人ほどいた。そして、フォーシエにはそのうち九一人（二二パーセント）の生徒が通学していた。この地区には二一の保育園と八つの基礎学校があるが、この九一人をスサンは、各自それぞれにあった学校形態に調整して振り分けていったのである。彼女に課せられた役目は次に挙げたように事務的なものであるが、彼女自身は、この仕事をするうえにおいて家族との出会いを一番大切にしたといっている。

・地区内にある保育園や学校との連絡係。
・ハビリテーリングセンターや地区の児童心理チームとの連絡係。
・地区にある特別学校の教育体制の発展に努める。
・マルメコミューンにあるほかの地区の調査委員との連絡や会議により、特別教育の発展に努める。
・地区にある特別学校の職員、家族、生徒などと相談をしながら、教育活動が円滑に行えるように管理する。
・新入生が学校に馴染めるように学校側との対応、進入、進級の準備やフォローをし、教育内容のインフォメーションなどを家族に与える。
・地区にあるリソースチームのほかの管理職員との協力。たとえば、保健事務局で施行しているLSS法の活用など、インスペクター（福祉調査委員）との協力。

スサンの活動例を挙げてみよう。

フォーシエに住む子どもが知的障害をもっていると判明した場合、ハビリテーリングセンターで知的障害児の能力を調査した心理療法士と特別教育教員とが、スサンと子どもの家族をミーティングに招待する。そのときにスサンは、特別学校への案内役としてさまざまな形態があることを家族に紹介し、その子どもに一番あった学校を親やハビリテーリングの職員とともに相談しながら決めていく。その後、親とともに学校を訪れて下見をするのも彼女の役目で、その際に学校の職員や教育方法を紹介し、読み書き計算はもちろん、日常生活への自立を目指し、衣服の着脱衣、計算機の使い方、お金の使い方、料理、木工、社会的オリエンテーリングなどの実地教育が多いことも知らせる。

学校の形態が合わなければまた別な形態の学校を探し、その子どもが入学してからも、何か問題があれば親はスサンに相談をすることができるのだ。クラス替え、学校替え、学校への移送タクシーの手配、学校でアシスタントが必要か否か、彼女の役割は非常に多岐にわたっている。

地区の経済的リソースを考えてみれば、必ずしも親の主張通りにはいかない場合もある。それをふまえて彼女は、双方が納得のゆくように対処していくわけだ。電話で対応したうえに直接家族に接し、ともに学校を回って学校側の職員と接し、すべてのことを把握していく。仮にそこに誠意がなければ、単なる管理者として終わってしまうことだろう。

先日、電話をしたときに最近の状況などを尋ねてみた。

特別小学校でコンピューターゲームをしながら学ぶ

特別中学校でケーキをつくっている

スサン　今のままで、組織的には充分満足ができると思います。でも、三人の教師が担当している五人の知的障害者のクラスにもう一人生徒を追加しようとすると、人手が足らないと学校側から反対にあってしまいました。クラスを五人にするか六人にするかは、生徒の能力やニーズを判断して考えてもらいたいです。できれば、統合学校の校長が特別学校を兼任して管轄するよりも、特別教育の専門家であり、必要性を熟知している特別学校専門の校長がいて欲しいですね。そうすれば、もっと協力しやすい環境がつくれるし、良くなるとも思います。普通学校、特別学校と分けたものではなくて、統合教育という、同じ敷地内やクラス統合のなかで互いが協力しあって共同運営できればもっといいですね。

学校長は、コミューンからすべての運営を委任されている。となると、運営上、やはり健常児の比率が大きいために予算がそちらのほうに回ってしまうことになる。それをスサンは、調整委員として学校側と交渉して予算を勝ち取らなければならないのだ。少ない予算をどこに回すのかという問題は、日本だけでなくスウェーデンでも頭の痛いところなのだ。

特別基礎学校を卒業すると、知的障害者の通う高等学校に進学することになる。四年制と、普通の高校より長く、場合によっては六年まで延長が可能となっている。普通の高校でさえ個人の要望にあわせて年数を設定している学校があるくらいだから、ここでの学習期間の延長は珍しいものではない。教育科目は、個人のレベル、集中力、読解力などに合わせて各人が計画をするのが通常で、主にスウェーデン語、英語、社会科、宗教、数学、体育と保健、芸術的活動などがある。

高等学校のあとは、軽度の知的障害者が通える大学もある。いろいろな芸術分野、技術分野、社会分野の大学があり、寄宿舎もあって両親から離れて独立することもできる。大学に行かない人は、そのまま地域にある授産施設やデイセンター（作業所）に通うことになるが、どこの授産施設に行くのかは本人の意志が優先される（詳しくは後述）。

このように、学校の形態も居住地区の教育運営方法や経済的なことが理由で多少の差が出るが、豊富な制度のおかげで最終的には家族にとって満足できるものとなる。特別学校として隔離されることがなく、健常児とともに適度の交流ができ、相互に刺激のある環境で無理なくゆっくりと成長していくことができるのだ。常に、子どもを中心に考える教育制度が小学校から大人になるまでこの国にはあると思う。

次章からは、成長過程に必要な援助の数々をもっと詳しく具体的に紹介していきたい。

第2章

知的障害のある子どもたち

ダウン症

誰でも、生まれてくる子どもが障害をもっていれば驚きとともに悲嘆にくれてしまう。産室での、医師や看護師の沈黙した険しい表情、ひょっとしたら、生まれてすぐに検査のために赤ちゃんは別室に連れていかれることもある。そうなると、親は初めて子どもと対面するという喜びの瞬間が奪われてしまうことになる。このような状況は、世界各国どこでも同じであろう。

スウェーデンでは、家族のショックを少しでも軽くしようと、障害のある子どもをもつ家族へのアプローチを重視している。しかし、障害という事実に動揺してショックを受けている親にその説明をしても一〇〇パーセントは受け入れてもらえない。ほとんどのインフォメーションが彼らの頭上を通りすぎてしまう一方で、たまたま耳に入った一つの言葉が誤解されることもある。それほど親は、職員の表情を一つも見逃さないほど真剣かつ敏感になっている。だから、誠意あるフォローが非常に重視されることになる。一回で理解できなかったら日を変えて再度知らせることも重要である。別の日には、ただ親の気持ちを汲み取ることだけに徹し、聞き上手になって忍耐よく待ち続けることもある。

ダウン症は、染色体の検査に時間を要するとはいえ生まれるとすぐにわかる。そのダウン症にも、先天性心失陥、内臓疾患などの複合障害をもつ場合とそうでない場合がある。そして、筋肉の低緊張のために、首のすわり、お座り、ハイハイ、歩行などの成長が健常児より遅れるというのが特徴である。

　ダウン症の諸症状をわかりやすくたとえると、伸びきったゴムがなかなか元に戻らないのと同じように筋肉が緩んでいる状態といえる。筋肉だけでなく、思考回路も緩んでいると考えれば学習をするのに時間がかかることも頷けるだろう。口の筋肉も緩んでいるために、舌がダランと口の外に出てしまう。そのため、はっきりとした発音をするのが難しい。また、緩んでいる筋肉がゆえに歩行するのもなかなか困難となる。とはいえ、繰り返し繰り返し学習および訓練することによって、完璧とはいえないが、それぞれをクリアして成長していく能力はもっている。

　ダウン症の子どもをもった親は、残念なことに子ども自身が見えなくなるという。そして、ダウン症という症状だけに振り回されて日々の時間が経過してしまう。しかし、しばらくして落ち着いてくると、ほとんどの人が声をそろえて「時間と手間はかかるが、これほど愛くるしい子どもはいない」という。つまり、明るく前向きな子どもが多いのである。短い人生を、人よりも二倍も三倍もゆっくりと時間をかけて生きているのである。

　ハビリテーリングセンターでは、ダウン症の子どもとその家族を集めて、週に一回、歌ったり、泳いだり、体操をしたりする「金魚の会」を開いている。そこには、マルメコミューンだけではなく近辺のコミューンからもダウン症の子どもたちが集まってくる。ここに来ることで親たちは、普段味わっている特異な心情から解放されることになる。

三〇人ほどの子どもとその家族で、「金魚の会」は賑やかに運営されている。常時、五〇人ほどの親子が集まってきて、情報交換や楽しい交流を行っている。二〇〇四年の一二月一日には、発足二〇周年の記念日を迎えた。この日は、従来のメンバーたちにも招待状が配られ、一五〇人以上もの子どもや大人たちが参加して大いに賑わった。ゲストとして、ダウン症の大人たちで構成されている劇団「モムスシアター」も訪れ、ポニーへの乗馬、マジックショー、プールでの水遊びや金魚の形をしたケーキをほおばったりで子どもたちは大喜びであった。

モムスシアターに出演するダウン症の人たちの名演技にみんなが感動し、椅子の上に立って出演者にあわせて踊りだす子どももいた。みんなが、将来、モムスシアターに入団するのではないかと思うほど演劇に没頭していた。一時間の演劇が終わるとやんやの喝采で、出演者とともに写真を撮ったりして交流を深めた。前述したように、この日は会が発足した当時のメンバーで、今では成人している人たちも訪れたので、現在のメンバーの親たちも、ダウン症の人々の自立した姿や活躍する姿を見て安心したようである。

話が横道にそれたようだ。ダウン症の子どもが生まれると、すぐにその家族にハビリテーリングの存在が知らされる。そして、医療ソーシャルワーカー、理学療法士、特別教育教員に出会って、ダウン症の子どもの成長訓練について、日常的にどのように取り組んでいけばよいかを学ぶことになる。子どもの発語は遅いということもあって、親子のコミュニケーションのためにまず

「金魚の会」の交流会

「金魚の会」を訪れたモムスシアター

手話を学ぶことからはじまる。ちなみに、私のような作業療法士は、食事、衣服の着脱、トイレの利用の仕方を教えたり、住宅を改善するときなどに介入することになる。

先ほど述べた、週に一回行っている「金魚の会」では、みんなが体育館の床の上に輪になって座り、特別教育教員の指導のもとに手話の歌を歌ったりして簡単な手話を覚える訓練を毎日楽しくしている。「ノー」と「イエス」は、この子どもたちにとっては非常に大切な言葉である。そして、ダウン症の子どもだけではなく、その姉妹兄弟も参加して手話を自然に覚えてゆく大切な機会となっている。

特別教育教員は、一人ひとりに手話で「今日は誰と来たの?」とか「バスに乗ってきたの?」とかと話し掛け、子どもが手話で答えてくるのを根気よく待っている。それから、新しく覚えた言葉をみんなに披露していく。口から片手で投げキッスをして、「良い」とか「グッド」という意味を伝えて褒めるときに使う。鼻をピンとこすって「ダメ!」、「間違ってる」と言い、おでこの横からこぶしを握ってパーと開くと「おりこうさん」、「よくできました」の意味となる。目を指して「青い」、唇を指して「赤い」などなど、少しずつ手話の語彙を増やしていく。子どもの行動を観察していると、フォーマルな手話には決してなってないけれど、口を指さして「食べる」と言い、身体を引っ掻いて「怒る」と言っているのがよくわかる。

手話の歌を歌い終わると、体育館の隅にいろいろな遊具を出して身体の筋肉を鍛える運動を遊びの形ではじめる。これは、理学療法士が前もって準備をしている。マットレスを敷き、その上に子どもが乗れるくらいの大きなボールが置いてある。平行棒や、天井からぶらさがるリングや太い綱もある。そして、跳び箱もあるし、トンネルのようになっているクッションもある。そこで子どもたちは、指導されるままにバランスをとったり、四つんばいになったり、リングにぶら下がったりして筋肉の強化訓練を受けているのだ。訓練といっても、遊びの一環で行っているために強制はしていない。

親たちには、いろいろな形でこの訓練を日常生活に取り入れるように指導されている。トランポリン代わりに、自宅のベッドの上で飛び跳ねることを許している家庭もあるし、階段や段差があれば、そこから飛び下りることを習慣にしている家庭もある。ちょっとした、日常の動作すべてが訓練になるのだ。

これが終わると、プールでの水遊びとなる。子どもたちは、この水遊びが大好きである。衣服の着脱衣も手や指の機能訓練になるので、なるべく自分でできることは自分でさせるように指導している。水のなかの子どもたちは、本当に生き生きとしたよい顔をしている。親だけでなく、孫の面倒を見ているおばあさんも一緒にプールに入っている。兄弟姉妹も一緒に来ている家族もいるので、三人の子どもに取り巻かれている親の顔も見える。理学療法士や特別教育教員は、日の離せない子どもの面倒を親の代わりに見ている。一緒になって水に顔をつけて、ブクブクと息を吐く練習をしたり、水中での体操、ゲームや遊戯をして遊ぶ。プールのあとは持ち寄ったお菓子やコーヒーをカフェで一緒に飲んで、リラックスした楽しいひとときを過ごす。子どもたちはといえば自由に長い廊下を駆け回って、置いてあるオモチャを使って遊んでいる。横から見ていても、和気藹々として楽しんでいるのがわかる。

「金魚の会」への参加は、子どもが小学校へ上がるまで続く。新しく生まれたダウン症の子どもとその家族を、先輩の親たちが温かく迎えるというのもこの会の大切な役割となっている。ときには知識を分かち合い、知恵を授けるという相談役になっている。また、テーマを決めて集まるということもある。たとえば、成人したダウン症の人を迎えて話を聞いたり、難しい手話の講座を開いたり、障害児福祉についての権利の話を聞いたりと、テーマはかぎりなくある。

そして、夏休みには海岸や森林へとピクニックに出掛けることもある。一般の人に混じ

「金魚の会」で行われているプールでの水遊び

ることで仲間意識も出てきて勇気がわき、親としての自覚や自信も出てくる。このような機会が与えられることは、孤立しがちなダウン症の子どもをもつ家族にとっては非常に心強いものといえる。

知的障害のある男の子――アンデス（仮名）

私が八歳の少年アンデスに出会ったのは、同僚の理学療法士から「彼の筆記能力を評価して欲しい」という依頼があったからだ。すでに親の許可を得ているというので、少年が通っている学校へ直接連絡をして学校訪問の日時を決めた。心理療法士は少年の知的能力を評価して、普通児よりはやや劣るという診断を下していた。

普通ならば特別学校へ通うべきところだが、あいにくと居住地の学区内に特別学校がなかった。前述した通り、マルメコミューンはそれぞれの地区が独立した形で高齢者福祉も学校教育も施行しているので、この少年が住む学区内に特別学校がないとなるとほかの地区にある特別学校を利用しなければならない。そうなると、少年の通学代、学費代、その他の諸経費のすべてを彼の居住地区から通学する地区に支払う必要が生じてしまう。そこで、この少年が居住している地区は、普通学校内の普通クラスに知的能力に劣る子どもをインテグレート（統合）することに決めた。そのため、これらの子どもを補佐するアシスタントを学校側が必要なだけ雇用している。

アンデスの通う学校は、何棟も並ぶ団地のど真ん中にあった。黄色いレンガ造りの平屋である。クラス担任にいわれた通り玄関を入ると、そこは衣服や靴置きのロッカーが並んでいるホールであった。すでに授業ははじまっていて静かである。教室をノックして入ると、ちょうど朝の「サムリング（集まり）」の最中であった。二〇人ほどの生徒が床の上に輪になって、点呼に答えている。私は、みんなに向かって自己紹介をした。

「ハビリテーリングセンターから来たヨシコです。学校での、みんなの活躍ぶりを見せてもらいに来たのよ」

この国では、苗字よりも名前をいうことが基本となっている。ましてや、子どもたちに対してはなおさらである。もちろん、本当はアンデスだけに接するために来たのだが、い

小学校での給食風景

つも私は「みんなに会いに来た」ことを強調する。生徒のなかには特別視されることを嫌う子ども、逆に自分だけに会いに来てくれたことを喜ぶ子どもとさまざまだが、このときは、まだ肝心のアンデスを知らない。

「どこに住んでいるの?」と、ある子どもが尋ねてきた。この質問は、いつどこの学校へ行っても飛んでくる。どうやら、彼らの興味心が私に集中しているようだ。

「日本で生まれたけど、今はマルメに住んでいるのよ」

彼らにとっては、一目でアジア人であるとわかる私がどこの国から来たかが疑問だし、なかには私が遠い日本から学校視察のために毎日通ってきていると思う子どももいる。答えを聞いた彼らは、私の存在が納得できたのか再び教師のほうに視線を向けた。

読書会がはじまった。教師が本を読みはじめると、子どもたちは自由気ままな姿勢でそれを聞いている。膝小僧を抱えている者、足を前に投げ出して両手を後ろにしてバランスを支えている者、床の上に腹ばいになっている者と、本当にさまざまである。輪の外側にいたアシスタントが、アンデスを後ろから指さして私に知らせてくれた。膝を曲げて両足を横に広げ、お尻を真ん中にペタンとくっつけて座っている。要するに、W開脚になっているわけだ。日本では珍しくない座り方だが、スウェーデンでは脳性麻痺の子どもがよくこういう座り方をしている。しかし、座骨が変形しやすいのでこの座り方はよく注意される。珍しくアンデスは丸坊主で、動作もゆっくりしており、おっとりとしているように見えた。

このクラスには、アンデスのほかにエミリ（仮名）という名の少女が知的能力の劣る子どもとして普通クラスにインテグレートされていた。二人とも、どこから見ても普通児と変わらない。読書会の間、それぞれおとなしく座っていた。

日本と同じくスウェーデンでも、各家庭でテレビを観たりコンピュータゲームをする時間が長くなって、就寝前に両親がベッド脇で本を読んであげるという習慣が減り、学校での読書会が今では非常に貴重な時間となっている。読まれる本は、子どもたちと相談して決めるか、教師が事前に準備していた内容を簡単に説明して子どもたちに選ばせている。どこの国でもそうであるように、本を読んだり聞いたりすることは、子どもの読解力を促進するだけではなく、想像力をたくましくするためにも必要で大切な時間である。

読書会が終わると、子どもたちは自分の席へ戻っていった。クラス内には丸いテーブルがいくつか置いてあるほかに、生徒用の四角い机が向き合わせに置かれてあり、グループワークができるようになっている。生徒たちそれぞれが算数の教科書やノートを出して課題を解いていくのを、教師は順番に回って教えている。アシスタントがアンデスとエミリの二人の子どもを別室に連れていくので、私もそれに付き添った。そこは個室になっており、二人の机が置いてあった。そこに座って、アシスタントが出す課題を自分のペースでゆっくりと解いていくことになっている。

アシスタントは保育科出身の女性であった。「子どもの手や指の機能が私にも見えるように作業してください」とお願いすると、ボタンの大小に花形のフェルトをかけていく作業や積み木を並べる作業、そして絵画などのいろいろな課題を出しては観察しやすいように配慮してくれた。絵を描くときの鉛筆の持ち方、ハサミを使うときの手の屈伸や筋肉の分離コントロール、描かれた絵が年齢に合っているか、目と手の協調性と運動のスピードなど、すべて作業療法の専門的視野において分析できる課題である。課題が楽しくないと子どもたちのモチベーションも小さくなるので、どれも興味心をそそる面白いものである。ひととき、これらの課題をクリアしたころに休憩時間を知らせる鐘が鳴った。

彼らのあとについてホールに出ると、たくさんの子どもたちが賑やかに騒いでいた。これから、上着を着て校庭に出ていって遊ぶのだ。上着を着るのもチェックポイントの一つである。エミリは上着のボタンがなかなかかけられないでいたが、すぐ側のクラスメイトがまるでお姉さん気取りでいろいろと世話をして手を引いて中庭に出ていった。アンデスのほうは、上着をひっかけるだけでみんなのあとを追うようにして出ていった。気になったのは、つま先立ちで歩くアンデスの姿だった。私は、ほかの子どもたちとも接しながら、普通児とともに遊ぶ二人の姿を交互に観察していた。そのとき、騒動が起こった。

アンデスが、ほかの子どもが上ろうとしていたアスレチックに割り込んで入ったらしい。腹を立てたほかの子どもが非難すると、アンデスは癇癪《かんしゃく》を起こしてその子どもを引き摺り下ろして帽子を取り上げ、校庭にできていた水溜りに投げ飛ばしてしまった。そして、そのままゆうゆうとアスレチックで遊んでいる。帽子を投げ飛ばされた子どもは泣きながら教師を呼びに行った。

私は遠くで見ていたので何といって叱っているのかは聞こえないが、叱られたアンデスは、そのあと一人でむっつりとアスレチックから離れていった。

自分の順番が待てない、やりたいことが言葉でうまく表現できない、自分の行動が上手にコントロールできないアンデスは、とかくこういう形でトラブルに巻き込まれやすい。小児であればまだ問題も小さくてすむが、成長するとともに犯罪に巻き込まれる可能性も出てくる。だから、こういう子どもには、小さいときから自分の行動を抑制するための学習をする環境が必要であり、常に、彼らをサポートするネットワークが身近に必要となる。つまり、兄弟姉妹、祖父母、友人などの存在が重要になる。

結局、手の機能に関しては身体的な問題はなく、知的能力が劣るためにぎこちないものとなっているという診断を下した。

しばらくして、このアンデスが足の手術をするという連絡が整形外科病棟の作業療法士から入った。となると、手術後の車椅子などを準備しなければならなくなる。そのために、家庭訪問をする必要が出てきた。自宅において車椅子を利用するための段差がないか、トイレは両足にギプスがはめられていても使用可能であるかなどを調査するのである。

住まいは団地で、そこにかつては母親一人と子ども三人（男二人と女一人）が住んでいたようだが、上の二人（兄と姉）は里子に出されていた。子どもの父親はそれぞれ違っていて、父親のわからない子どももいた。理学療法士からアンデスの報告を受けたときにその母親が知的障害者であると彼がいっていたので、里子に出したのはそのためであろう。

母親が知的障害者のために毎日の日常生活を助けるためのアシスタント（ヘルパー）がいて、その人がドアを開けてくれた。アシスタントは、感じのよい中年の女性であった。母親は大柄で一八〇センチはゆうに超えている。横幅もあり、胸もお尻も豊満である。理学療法士が、「彼女は短気で、怒ると平手打ちを放つこともあるから注意したほうがいいよ！」と言っていたのを思いだした。握手をしたあとは、何となく威圧感のある母親に圧倒されて少し距離をおいてアパートのなかを見て回った。母親の世話をしているアシスタントは、細くて背丈も私とあまり変わらず優しそうな顔をしていた。その彼女がこの母親を怖がらないのだから安心と自分にいい聞かせて、一緒に改造のチェックをして回った。思ったよりは段差はなかった。

ひと回りしたあとに台所のテーブルを囲んでコーヒーを飲みながら談笑したが、そのとき母親は、手術への不安を言葉の勢いもよく、つばを飛ばしながら語ってくれた。

「アンデスがかわいそうだ。手術をしなくちゃならないなんて。痛いの？」

「麻酔をしているから痛みは感じないでしょう。問題は目を覚ましたあとだけど、これまでの子どもはそんなに心配するほど痛がらなかったわよ」

「歩けるようになるの？」

「アンデスはつま先立ちでよく歩いていたでしょう。足首に短くなっている筋肉があって、それを伸ばす手術だからそれほど難しくないのよ。ちゃんと歩けるわ」

「つま先立ちを止めろって言ったのに、ずっとあのままで歩いて……学校でもちゃんと注意してくれるように頼んだのに……んもう。理学療法士のいう通りにして足も伸ばしているのに。みんなと遊ぶときはいっつも遅れるし……」

母親らしい不安気な表情が、タバコの煙の向こうに現れる。母親もアシスタントもタバコをひっきりなしに吸っているので、タバコの煙が台所で霧のようになっている。タバコを吸わない私にとっては、衣服や髪につくタバコの匂いが非常に気になる。

この日は、手術の日までには車椅子を用意し、バスルームに使いやすいコマのついた移動用座椅子を準備するからなどと約束して家庭訪問を終えた。

手術当日、整形外科から電話があった。手術後、母親が取り乱しているのですぐに来てくれというのだ。理学療法士とともに駆けつけ、病棟に着くと廊下は人だかりとなっていた。私たちに気がつくと、みんなが「早く早く」と手招きをして背中を押すようにして病室に入れてくれた。

個室のベッドでは、両足にギブスをはめたアンデスが目を丸くして横たわっていて、周りの騒動を見ている。母親といえば、その隣にある椅子に大きな身体を小さく折り曲げて声を出して泣いている。私たちの姿を見ると、立ち上がって、目を吊り上げてものすごい剣幕で怒鳴りはじめた。

「何で、こんな目にうちの子を遭わすのよ！　＊$%#＊　痛そうじゃない!!　ウワァーン」

幸いなことに、理学療法士は男性で身体もでかい。その後ろに私はとっさに身を隠す。近くにあった雑誌やコップが床に落ちる。病棟のスタッフといえば、入り口から心配そうに見ているだけだ。アンデスのほうに視線を移すと、別段痛そうには見えず、母親の怒号を前にして身をすくめている。私は、理学療法士が母親をなだめている隙にアンデスのそばにより、足の具合を尋ねた。

「目が覚めたとき痛かったの？」

アンデスは、小さくなって首を振る。

「泣いていたの？」

頬に涙のあとを見つけたのでそう尋ねると、コクリと首を立てに振った。きっと、泣いていたアンデスを見て、母親は痛がっていると思ったのだろう。理学療法士になだめられた母親は、少し落ち着きを取り戻したのかまた椅子に座った。そして、私の横に来て子どもの具合を見ようとした。

突然、「止めて！　足に触るな！」と母親が叫んで、私たちの間に割り込んできた。あまりの勢いに私は真横にすっ飛び、ベッドのそばにあった机に片腹を打って派手に転んでしまった。それを見てさすがに母親も驚いたのか、それまでの興奮がうそのようにおとなしくなってしまった。

大きな身体を縮めては小さな声で泣きながら、「アンデスがかわいそう、ギブスをはめてかわいそう」と繰り返した。母親はギブスに驚き、子どものほうは目に見えるギブスよりも母親に脅えているのだ。母親は、自分が巻き起こした騒動のことなどは目に見えていない。そして、その騒動に脅えているアンデスの姿を見て、ギブスで痛いのだと思っている。

「ギブスは足が痛くないように固定するためにはめているので、六週間もしたらはずすのだから大丈夫……」と、理学療法士がやさしく何度も説明している。

「アンデスも痛くないっていっているわ。ね、アンデス！」と、私も打った横腹が痛いので押さえながらアンデスを促すと、首を振って痛くないと母親に告げた。ビクビクしながらも自分の置かれている状況がわかるのか、どうやら痛くても我慢をしているようだ。母親もアンデスの言葉を聞くと納得したのか、黙ってしまった。そのあとしばらくその場にいて、母親が完全に落ち着きを取り戻したのを確認してから病棟をあとにした。どうやら、子どもを思う気持ちは全世界共通のようである。

ギブスも取れ、普通に歩けるようになったアンデスは無事に退院した。やがて、二人の兄弟がそうであったように、アンデスもサポートファミリーに預けられるようになった。「サポートファミリー」とは、何らかの支障がある家族を多方面から支援する一般家庭のことで、コミューンが援助金を払って雇っている家族である。預けられると、アンデスはサポートファミリーで日常生活を送り、ときどき母親に会うことになっている。そして、親が親権を手放せば里子となる。

知的障害をもつ両親の家庭に育つ子どもたちは、成長過程において一般家庭とは違って健全な環境のなかで生活が送れないために無意識のうちに屈折した成長期を迎えることになる。語彙も少なく、とかく通常の社会的刺激が欠如した環境になりやすいのだ。しかし、だからといって「知的障害者は子どもをつくってはいけない」とはいえない。一般家庭のなかで頻繁に起こる家庭内暴力、精神的な理解に欠けた両親、虐待、教育ママ、無関心パパ、それぞれ人間に欠如している部分を取り上げていたら、私も含めて誰しもが親になる資格をもたないことになる。完璧な親などどこにもいない。問題なのは、生まれてきた子どもたちに対して、支援するネットワークがどのように形成されているかだろう。

知的障害者の両親のもとで育っても、りっぱに成長した人もいる。リースベス・ピッピング（Lisbeth Pipping）という人で、彼女は『Kärlek och stålull（愛と剛鉄タワシ）』（Gothia 2004）という本のなかで自らの過去を振り返っている。

彼女は、知的障害をもつ母親とアルコール依存症の父親の間に生まれた。二人の妹がおり、失業してアルコールの量がより多くなった父親が家を出ていったころ、つまり彼女が六歳のころから母親の代理をしながら成長してきた。母親は、一一歳程度の能力しかもっていなかったそうだ。世間に対しては、自分は常によき母親であるという自負をもって生活をしていたようだが、実際の生活はというとゴミのなかで生活しているようなもので、リースベスが着ていく粗末な洋服が学校でイジメの対象になったということからも、彼女の生い立ちが決して楽なものではなかったといえる。

ある日、彼女が近所の塗装現場にあったペンキを顔や手につけて帰宅すると、母親はそれを剛鉄のタワシで洗い流そうとした。皮膚が赤く腫れ、傷だらけでもじっと我慢して耐えていた。泣けば母親は激怒し、もっとひどく叱られるからである。そんな彼女にとってのせめてもの救いは、公的援助システムが準備してくれたサポートファミリーの田舎の家で夏休みを過ごすことであった。

自宅には福祉委員やアシスタントが頻繁に来たが、母親が知的障害者であるとは彼女に教えなかった。一六歳のときに彼女は家を出て独立し、それから一九歳のときからセラピーを受けている。今では結婚して二児の母親となり、大学院で人間の行動科学を研究しながら知的障害者の親をもつ生い立ちがどのようなものであったかを講演して回っている。支援をするネットワークの一部である福祉関係者、学校関係者にとっては、彼女の体験ほど貴重な話はない。

CVI（Cerebral Visual Impairment）

ここ数年、「CVI」という病名にかかっている子どもがハビリテーリングセンターでは目につくようになった。身体的機能には関係なく、日常生活に多大な支障を来たす病気である。

ハンナは、未熟児として三ヵ月も早く生まれてしまった。保育器のなかで脳出血を起こし、生命が危ぶまれていた。幸いなことに命は取り留めたが、脳の損傷がどの程度のものであるのかは医者ですら予想できないものであった。二歳をすぎても歩くことができず、両親の不安は増すばかりであった。とはいえ、三歳をすぎるころから嬉しい異変が起きた。ハイハイをはじめたかと思うと歩きはじめたのだ。両親の喜びはこのうえないものであった。しかし、目だけがまるで別の生き物のように意志とは関係なしに横へ流れてしまうという斜視が顕著になってきた。眼科で視力の検査をしても異常はなく、片方の目に眼帯《がんたい》をして訓練をしてみても結果は同じであった。それでもオモチャで遊び、周囲のことにも興味を示し、一人で自転車に乗れるほど成長していった。

ハビリテーリングセンターの心理療法士が、小学校に上がる前にすべての障害者の能力検査を行うのと同じくハンナの検査もした。その結果は、知能的にはボーダーラインで少々能力が劣っているとされ、家族にはゆっくりと学習できる特別学級がすすめられた。言語能力には問題ないが、感覚知覚能力がかなり劣っていたのだ。それは、作業療法士としての私の評価も同じであった。

このCVIという病気は、身体的機能が劣るということはあまりないために日常の活動は何ら問題はない。しかし、不思議なことに、両足ともによく動くのに階段の上り下りができないとか、廊下などで出会う人の顔を覚えられないのだ。保育園でも友達の輪のなかに入っていけないなど一人で遊ぶことが多く、社会性が欠けているように思える。でも、保育園にハンナを訪問して声をかけるとにっこりと笑って答えてくれるし、話をしても同じ年齢の子どもとほとんど変わらない。

問題なのは、歩いているときに電信柱が見えないかのようにぶつかったり、灌木の間に入り口があるのにそれが見つけられずに灌木のなかを通過しようとしたり、転ばないように注意しているためか、足元をずっと見ながら歩いているので前方に注意が払えないことだ。普通児が楽しみにしている森の散歩も嫌いで、途中で怖がって一歩も動けなくなってしまう。また、坂道の高低が判断できないために、かなり低い坂の頂点にいても絶壁の上に立っているように感じるらしい。料理を手伝うときも、包丁の刃がどっちかわからず、テーブルの上に置いてあるお皿もスープ皿か普通のプレート皿かの区別がつかない。

ハンナを観察すると、典型的なＣＶＩの症状がうかがえる。ＣＶＩでも、とくに空間感覚が欠けると方向がわからなくなる。自宅までたどり着けないとか、深さがわからない、ノートの上下がわからないなど問題点がいっぱい出てくる。時間の観念もないから、物事をどのくらい続けてやればよいのかがわからないので歯磨きをいつまでもしたり、テレビのはじまる時刻を何度も何度も尋ねてしまうことになる。問題点を挙げていると切りがないほど、日常生活に必要な小さな部分が大きな問題となって表面化してくる。感覚認知力が劣っていることは外見からはわからない障害だけに、本人にとっては非常に困ることになる。理由がわからず不安に思っていた両親も、病名がはっきりしたことで少しはほっとしたようだ。

ＣＶＩという病気は、視力とは関係なく脳障害によるものなので、普通の人のように見えたものを瞬間的に分析して脳のなかでそのものの位置などを認識することがハンナにはできない。目で見えるものを分析する脳の一部が損傷しているか、想像力をつかさどる脳の一部が破損しているのだ。目の働きには異常がないので見えたものを脳には伝えているのだが、まるで穴の開いたチーズのようにその指令が肝心なところまでスムーズに行き届かないのだ。

たとえば、部屋の真ん中にあるテーブルに足を嫌というほどぶつけたりする。テーブルそのものは見えるのだが、距離感や方向が認知できないためにぶつかってしまうのだ。さらに、「テーブルの上にあるノートを本箱に入れて片づけなさい」など、一度にたくさんの指示を与えても記憶することができない。テーブルまでは行くのだが、すぐにそのあとのことがわからなくなって、ずっとノートを持ったまま立っている。保育園や学校でも、一人のときには集中して遊ぶことができるが、数人で遊ぶとなると誰が何を言っているのか、何をどうすればよいのかがさっぱりわからないために仲間に入ることができない。

この病気の原因や症状が何であるかがわからない親や学校は、これまでに何度も懇談会などを重ねて問題点を論議したり、メガネを買い与えることですべてが解決するのではないかと試してみたりもしたが、当然のごとく何の進展も見られなかった。しかし、CVIだとわかったことで感覚機能を助ける術《すべ》を会得することができた。もちろん、ハンナの両親も病名を知ってからはその対処の方法を理解していった。たとえば、次に説明するように、聴覚や臭覚を利用して補佐することもできるのだ。

まず、一つずつ問題点をクリアして環境を整えてあげれば、支障なく日常生活が送れることがわかった。自宅から学校までたどり着けるように、大きな建物や何か目印になるものなどを行き先の順に覚えて歩くという方法を練習する。学校の食堂を見つけるのは簡単で、料理のにおいをたどっていけばよい。廊下ですれ違う人の名前や顔がわからない場合は、相手に一言二言CVI者が知っていそうなことを口にしてもらうか、自己紹介をしてもらえばよい。それ以外にも、名札や同じブローチなどの目印をつけるか、同じ香水を常につけるなど、CVI者の周囲にいる人々がちょっとした心遣いをすることによって問題は解決する。

学校の環境をシンプルに整備するというのも良策である。階段などの段差には、目立つようにテープで印をつけてみよう。そして、学級のなかに氾濫するポスターや張り紙の整理をし、CVI者だけでなく生徒にも見分けをつけやすいようにしたりして、少しの配慮をすることで彼らの生活は非常に楽なものになるのだ。

自閉症スペクトラムの子どもたち

知的障害を語るのに、重複障害をもつ自閉症児への対応も説明しておきたい。専門的な自閉症についての説明は避けるが、スウェーデンでは自閉症児をどのように受け止めているかを簡単に記述しておきたい。

スウェーデンでは、自閉症、LD／ADHD、アスペルガー症候群など、軽度から重度に至るまでの能力障害をもっている人すべてを含めて「自閉症スペクトラム」と称している。このスペクトラムは世界共通の分類方法で、日本語では「傾向」、「連続体」などと訳されている。その内訳は幅広く、能力程度や機能程度の多少の変化や差によってレベル評価がされ、低機能障害から高機能障害まで存在する。

いわゆる自分の世界だけに浸って知的能力にも欠けている人たちを重度の自閉症としてスペクトラムを左から右へと線を引いて分けるならば、左端が重度の低機能となり、これを「クラシカルな自閉症」と称している。それから、LD／ADHD、アスペルガー症候群のように一般社会と接触があり、日常生活を営める軽度の障害をもった人を高機能として右端に位置させている。ただ実際には、個人それぞれの能力や社会的機能の程度もさまざまなので、左から右の線上の至るところに存在し、あるいはアスペルガーなど健常児以上のIQをもつ人も右端のラインを越えて存在しているが、このスペクトラムのなかに含

コラム　LD、ADHD、アスペルガー症候群

LD（learning diablities）

いわゆる学習困難で、言語、読み書き、計算など、学ぶにあたって人より時間を要する。

ADHD（Attention Deficit / Hyperactivity Disorder）

注意欠陥・多動性障害。集中力が散漫であり、衝動的行動を起こし、社会性に欠けうまく状況判断ができないなど軽度から重度の者がいる。

アスペルガー（Asperger）

自閉症の一種ではあるが、知的には劣らず特定のものに人並み以上のこだわりをもち、時に優れた才能を見せる。社会性は乏しく、対人関係がうまくいかないことがしばしばある。

まれている。すべてを総称する言葉がないので「自閉症スペクトラム」と呼んでいると考えてほしい。そして、それぞれの障害の程度に合わせて対応の仕方や支援の方法が違うわけである。

こういうスペクトラムに属する子どもが発見されて診断されるまでの時間や年数はそれぞれ異なり、またその過程や経路もさまざまであるため、私が住んでいるマルメコミューンのケースを中心にしてこれから説明していくことにする。先に、私が勤めているハビリテーリングセンターについて説明したが、ここにはいろいろな医療チームがある。そのなかの一つに私が加わっている「Nチーム（小児脳神経チーム）」があり、マルメに居住している「自閉症スペクトラム児」のすべてを対象としている。

子どもが生まれ、その子どもがほかの子どもとどこか様子や言動が違うと気づいた親は、どのような手続きのもとにスウェーデンという国から援助を得ているのだろうか。

マルメ市民であれば、例外はあるが、ほとんどの子どもがマルメ大学総合病院内にある産婦人科で生まれる。身体に何らかの機能障害があればそこですぐに発見され、自動的にハビリテーリングセンターに登録され、医療チー

表2　自閉症スペクトラム

低機能障害	**高機能障害**
自閉症	アスペルガー・ADHD／LD

←――――――――――――→

ムに属している理学療法士、言語療法士、作業療法士などの専門家の助けを得られる仕組みとなっている。ダウン症のところでも説明した通り（五六ページ）、すべての障害者が対象になるのだ。

しかし、自閉症スペクトラムの子どもたちは、その障害の状態が産後すぐにわかるわけではない。地区内にある子どもの成長を見守る乳幼児保健センターか、そこでの乳幼児検診などで初めて発見される場合が多い。たとえば、お乳を含ませても吸おうとしない赤ちゃんや、夜鳴きが激しいとか、身体的な成長のスピードの遅い乳児などがここで発見されることになる。また、八ヵ月検診や二歳児検診、そのほかの検診で精神的な発達に異常があると判断された場合などは、乳幼児保健センター専属の医者や心理療法士などがハビリテーリングセンター宛てに専門的な検査の依頼書を送ってくることになる。

ここでも発見されない軽度の子どもは、そのまま成長し、保育園や小学校に通うころに言語の遅れが顕著に現れてくるか、あるいはほかの子どもとの間に問題が生じて初めて社会性が乏しいということがわかるようになる。はっきりするまで、子どもの挙動を不審に思う教師も多いことだろう。この段階で発見されれば、学校専属の養護教師や医者がハビリテーリングセンターに依頼書を送ってくることになる。そのほかのケースとしては、マルメ大学総合病院内にある耳鼻咽頭科の言語療法科に来た児童が、言語障害だけでなく行動の面にも問題があるとわかってそこからハビリテーリングセンターへ依頼が回されてくることもある。なかには、両親が何らかの成長異常を察知して、総合病院の小児科や精神科へ直接相談に訪れることもある。

このように、マルメコミューンに生まれてくる子どもに何らかの症状が明らかになれば、いつでもどこでも、もれなくマルメ唯一のハビリテーリングセンターに依頼が届くシステムとなっている。網の目状に、産婦人科、総合病院、乳幼児保健センター、地域の各診療所、保育園、小学校、中学校とネットワークがされており、縦横に連携がとれる制度になっている。むろん、ハビリテーリングセンターへの依頼は両親の合意が必要で、依頼書、検査、評価、治療や訓練の有無に対しての最終決定権は両親がもっていることを忘れてはならない。それゆえ、早期発見できる環境が整備されていても、子どもが小学校や中学校へ上がって症状が悪くなるまでハビリテーリングセンターの扉を叩かない人もいる。それゆえ、次のようなことも起こる。

先日、一二歳になる軽度のＡＤＨＤの親から、時刻を知らせるタイムログ（二二四ページの写真参照）が欲しいから補助器具として与えて欲しいという要望があった。しかし、すべての記録を探しても、その子どもはハビリテーリングセンターに登録されていなかった。となると、私から補助器具を与えることができない。考えた末、居住地区の診療所にいる作業療法士ならタイムログを補助器具として渡せることがわかった。地区の診療所にある成人専門の作業療法士は子どもにかかわっていないために子ども用の補助器具の用途をよく知らない。だから、その使い方を詳しく知らせてサポートを頼んだ。

これ以外にも、移民としてスウェーデンに来た家族などは、文化的な違いから子どもが自閉症スペクトラムに属することを隠そうとする人もいる。そして、子どもが成長して身体も大きくなり、親の力で制することができなくなって慌てて助けを求めてくる人たちが多い。そのため、ハビリテーリングセンターでは支援制度の紹介などをさまざまな言語で書いたパンフレットなどを制作して、インフォメーションに努めている。

それでは、ハビリテーリングセンターに依頼が来てからどうなるのかを見ていこう。

まず、依頼書にもとづいて、調査→評価→診断→対応を小児精神科の「Nチーム（小児脳神経チーム）」ですることになる。かつてはハビリテーリングセンターと共同で診断を下していたが、二〇〇四年秋より小児精神科が組織的に独立することになったので、依頼書はまず小児精神科に行って診断を下されたあとの対応策をハビリテーリングセンターが担うようになったのだ。しかし、小児精神科には言語療法士も特別教育教員もいないので、検査に必要な評価はハビリテーリングセンターの専門家が協力して行っている。以前とたいして変わりはないのだが、組織上、新しい形式をとっているのだ。

診断は、精神科医の評価、心理療法士の評価、特別教育教員の評価、言語療法士の評価、あるいは理学療法士と作業療法士による運動機能の評価などのすべてを考慮して、国際診断基準（DSMⅣ：Diagnostic and Statistical manual of Mental Disorders-Fourth Edition）にもとづいて一～二ヵ月後に出される。その診断結果を家族に告知したあとは、その家族は自閉症とは何かの知識を得るために、Nチームが主催するさまざまな講習会に参加することになる。

「自閉症スペクトラムとは何か」、「アスペルガーとは何か」などのインフォメーションコースがあり、その場でいろいろなアドバイスが得られることもあれば、保育園、小学校などの教師とともに説明を受けることもある。この講習会では、同じように診断されたほかの家族と出会う機会も得られ、互いに悩みを共有して相談することもできるので、親たちにとっては同時にさまざまな援助方法も得ることができる機会となっている。

そのほかにも、個人セラピーだけではなく、グループサブセッションとして自閉症スペクトラムに属する子どもの兄弟姉妹を集めてインフォメーションを行ったり、祖父母もそれに参加してもらって周囲の理解を得るように心がけている。さらに、医療ソーシャルワーカーとも早期に個人面談をして、経済的援助、教育機関の説明、介護休暇の使用方法、両親のための特別親睦会や各種協会の連絡先など、利用できる豊富な福祉制度の紹介もしている。

軽度のLD／ADHDと診断された子どもは、そのまま保育園や普通学校に通学できるし、日常生活におけるアドバイスをスタッフが両親に与える程度ですむ。幸いなことに、注意力に欠けて衝動的多動性があってもそれが軽度であれば成長とともにそのほとんどが改善されてゆき、自分にあった職種を選びさえすれば社会生活は一般の人とほとんど変わりないものとなる。たとえば、規則正しいルーティンワークが要求されるスチュワーデスや郵便局員などが適しているとして、そのような環境のもとで働いている人たちもいる。ただ、そこまでに至る成長過程において不適応な注意や叱責を受けた場合などは情緒的に不安定になりやすいし、それが原因で親子関係も子どもの行動も悪化しかねないので、周囲との協力や寛容さがかなりのレベルで必要となる。

これに対してハビリテーリングセンターでは、家族に規則正しい生活を送ることをすすめ、コミュニケーションのとり方、子どもの環境の整理など多方面にわたるアドバイスを与え、同時に短期の学習会などを設けて少人数でグループセッションなどをしている。特別教育教員はグループ訓練に非常に熱心で、数人の子どもを集めては体育館やプールなどで社会性、日常生活のルール、ゲームのルールなどの説明をしている。また、さまざまなセラピー的な活動の場（木工、絵画など）を設けて、親子でともに楽しめる機会もつくっている。

子どもが軽度で高機能であっても、さらなるハビリテーリングセンターの対応が必要であると判断される場合もある。たとえば、日常作業

図1　家族への対応策

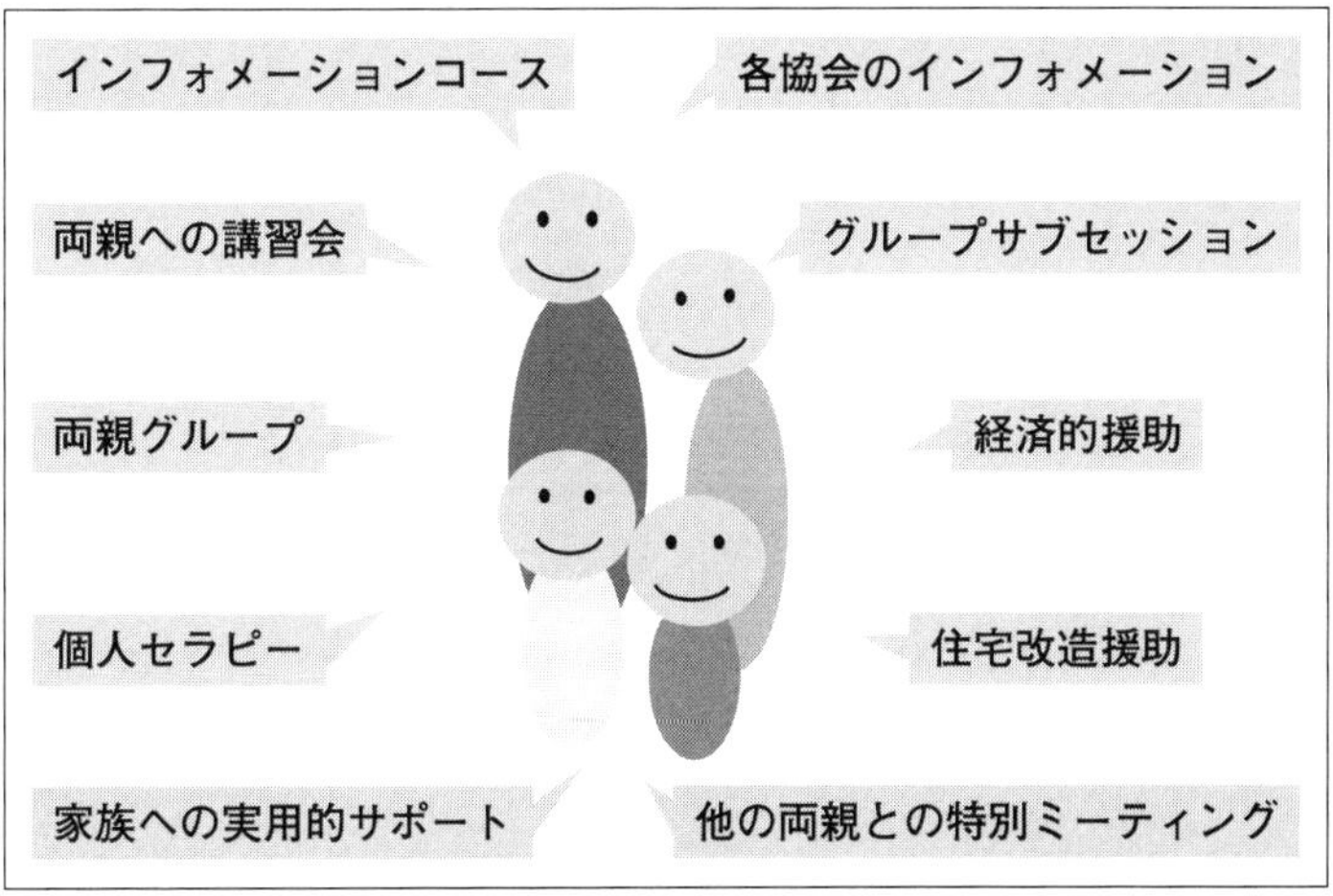

に支障を来たすとか社会性に非常に欠けるなどとなると、Nチームからスタッフが出張サービスとして現場に行くことになる。

出張サービスとは、特別教育教員と呼ばれる教育の専門家や作業療法士が子どもの家庭を訪問したり、あるいは普通学校の教師などへ助言や特別な学習技法（主にTEACCH、九三ページ参照）などを教示するために学校を訪問することである。たとえば、ＡＤＨＤの子どもがいるクラスでは、授業中に歩き回ったりして座席にじっとしておらず注意力が散漫になるなどの障害が出てくるわけだが、その対処法として、授業前にＡＤＨＤの子どもを含めて走りたいという子どもに校庭を一周させたり、サッカーや鬼ごっこなどをして、とにかく身体を十分に使ってみるというアドバイスを与えたりする。

学習方法としては、算数の計算問題などであれば、一つ一つの問題を一枚の紙に書いて与え、それを一〇枚すると終わるというように最初から終わりが見えるようにしてあげるのも一つの方法である。ハサミを上手に使えない子どもには、最初は切る場所をマジックペンで幅広く線を引いてあげて次第にその幅を細くしていくなどの、細々としたその子どもにあったアドバイスを与える。さらに、読み書きの苦手な子どもに対しては、自助具としてテープレコーダーのような「デイジー（Daisy）」を利用することもある。これを使えば、目で読むことができなくても耳で同じように本を読むことができるのだ。言葉の速さも調節して聞くことができる機器なので、弱視の人でなくても重宝されている。ちなみに、この機器はコミューンの図書館へ行けば誰もが簡単に借りることができる。一ヵ月間ほど借りてこの方法が子どもにあっているとわかれば、今度はこれを補助器具として自分だけのために要望することができる。

また、高機能の子どものなかには、自分に対しての要求の制限、つまり自己規制ができない子どもが多い。友達とうまく交流ができないために自分の興味の対象になるものに没頭してしまい、それに対しては限度も制御も効かずに目の前のことばかり何度も何度も繰り返してしまうことになる。こういう場合、最初から一日の予定表を具体的に作成しておいて、子どもが理解しやすく限度もわきまえられるようにすることが重要となる。これらの、個人にあった予定表のつくり方を教師に教示するのもハビリテーリングセンターの大切な役割となっている。たとえば、授業に必

ヒヤリングのスピード調整のできるデイジー

表3　授業における1日の予定表

●**一時限目**——国語の本を○○ページから○○ページまで読む。

●**二時限目**——計算を一〇問解く。

（休憩が一〇分。休憩が終わるとトイレに行って手を洗う。そして、席に就く。）

●**三時限目**——友達と英語の○○ゲームを二〇分する。

●**四時限目**——社会科の本を○○ページから○○ページまで読む。

（昼食。休憩時間にバスケットをする。）

●**五時限目**——○○と○○の言葉を入れて詩を書く。

●**六時限目**——歴史上の人物やバイキングの絵を二〇分描く。

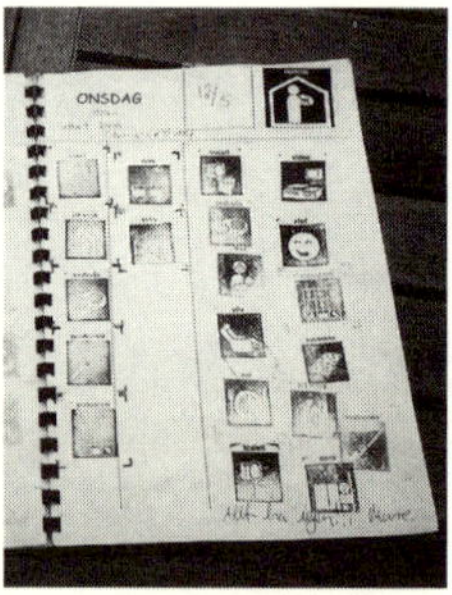

1日の予定表

課題とクリアブック

要な学習課題を選んで一日の予定表をつくると**表3**のようになる。

一つの課題をクリアすると予定表の上に線を引いて、クリアしたことが一目でわかるようにする。このように具体的に記述することによって子どもは次に何をすればよいのかの順番がわかるので、不安にならないし終了がいつかもわかる。「一時限目」と書いたが、これは便宜的なもので時間はどうでもよい。実際に、スウェーデンの場合はクラスによって一時限の時間が違うし、子どもが飽きたころにはいつでも休憩をとってよいことになっている。このように、一日の行動を計画的にしかも綿密に行うことによって彼らは逆に安心感をもち、異常な行動もコントロールできるようになるのだ。

このような方法が必要な理由を、ジグゾーパズルをたとえにして説明しよう。普通の子どもは、何も教えなくてもスイスイと頭のなかでパズルの形や色などをイメージして整理し完成させていく。しかし、自閉症スペクトラムの子どもたちは、頭のなかで整理すること自体が感覚的にできないのだ。だから、整理の方法を頭の外でできるように、パズルの形や色で分けるテクニック(技法)と、絵と絵や、絵と言葉を合わせるマッチングなどを彼らの見える範囲で具体的に教えてあげる必要がある。このテクニックとなるのが先ほど挙げた具体的な予定表であり、形や色を合わせたり、順番を覚えることが学習への鍵となる。これらを私たちは学校の教師たちに伝え、通院してくる子どもたちに対して個人訓練をするのだ。

Nチームでの仕事としてはいくつかの種類があるが、まず最初は、子どもたちが日常生活をしやすいように評価訓練をしている。この自閉症スペクトラムの子どもたちは、とくに手と目の協応運動がうまくできないことが多い。通常では、六歳児ぐらいになるとよそ見をしていても手や身体の感覚だけで衣服の着脱ができるようになるのだが、自閉症スペクトラムの子どもたちは感覚的に多少の遅れがあるため、服を着ている最中に周囲で何か物音がしたりすると中断してしまい、そちらばかりを見て手元のことを忘れてしまって衣服が着られなくなってしまうのだ。そのために、衣服の着脱衣、ボタンや靴紐を結ぶ訓練をしたり、食事のときに必要なナイフとフォークの使い方を指導し、トイレの使用方法や手を洗う順番なども訓練することになる。また、髪を梳かすなど、衛生面の管理に関しても日常生活のなかにおいてスムーズに行えるように常に手先を見るように誘導している。指導する場所はハビリテーリングセンター内とはかぎらず、家庭訪問や学校訪問をして、実際の子どもたちが生活する現場で訓練することが多い。

往々にしてこの子どもたちには時間の観念がなく、授業に遅れたりクラブ活動に遅れるなど、約束の時間を守れないことが日常茶飯事である。これに対して作業療法士は、市販の時計などを利用するか、各種のタイマーやデジタル手帳などを自助具として与えて、それに時間を設定する方法とともに利用方法を指導する。さらに、バスの時間表の見方や乗り方、クラブ活動に遅れない方法といった実生活上の訓練をすることで彼らの自立を促している。

そのほか、身の周りの生活用品の整理をして、子どもたちが使いやすいように環境を整える指導を周囲の者に対してすることがNチームの作業療法士の重要な役割となる。わかりやすいように衣服を分類別にしたり、学校で教室を移動する場合などは、カラーテープを貼って印をつけることもある。

スウェーデンでは、自閉症スペクトラムに属すると診断されたからといって自動的に療育施設に入るということはないし、そもそもそういう施設がない。あくまでも居住区にある教育機関のなかで、普通の生活環境が維持できるように努力するのだ。もともと、スウェーデンの小学校では一律にすべてを教えていくという教育方法をとっていないので自閉症児が参加してもなんら支障はない。もちろん、ある程度の学習範囲はあるものの、子ども一人ひとりの発達のテンポとレベルに合わせて個別の授業内容を組んでいるのだ。それに、小学校の間は成績表がなく、中学二年生になって初めて成績表を見るぐらいだから学校間の競争も生徒間の競争も日本ほどはなく、それぞれがゆとりのある教育を受けることができるようになっている。

これが理由で、スペクトラムの子どもたちも普通児も何ら変わりのない学校生活を自宅から近い地域の学校で送り、周囲との摩擦もなく十分に楽しい日々を送っている。仮に、学習テンポに合わない、攻撃的で崩壊性もあり、ほかの子どもの邪魔をするなどの問題が生じた場合は、その時点でＮチームのスタッフと両親と学校の教職員とが一緒にミーティングを開いて解決する方法を見つけることになっている。解決方法としては、学校側が一人の専属アシスタントを雇用するか、個別授業とか少人数の特別グループをつくるか、地区の特別学級、特別学校などに転入させるかなどの方法がある。学校側は、子どもを引き受けるために受け入れ態勢を整えなければならないという義務があるから、言動が粗雑だからといって学校に来る子どもを拒否することはできない。よって、何らかの形で彼らの教育が保証されるように地区の教育機関とともに考えて協力しあって受け入れ態勢をしっかり整えることになる。これらは、すべての子どもには教育を受ける権利があるという考えにもとづいている。

さて、私が担当している子どものなかには、定年退職したばかりの高齢者がパート契約においてアシスタントについた子どもがいた。授業参観に行くと、二〇人ほどの生徒がいるクラスの一番うしろに、小学校三年生になるＬＤの子どもと大きな身体を小さくしている高齢のアシスタントが二人仲よく並んで算数の勉強をしていた。数字を書くにも手が緊張してうまく書けないので、ちょっと太めの握りやすい鉛筆と重ためのの定規を私は自助具として事前に渡してある。まるでアリが右往左往するように数字がバラバラになるのを、アシスタントがノートを押さえて定規を置いて、まっすぐに答えが書けるように指導をしていた。このアシスタントは周りにいるほかの子どもの勉強も手伝っており、その光景は本当に微笑ましいものだった。

ところで、スウェーデンの学校にはクラブ活動がない。その代わりに、地域社会にある文化活動やスポーツクラブが盛んである。ハビリテーリングセンターでは、少人数のグループ指導をしてスポーツのルールを教えたり、自分の順番を待つという忍耐力などを養ったりもしているし、各自が興味をもっているクラブ活動へ参加しやすいように訓練をすることもある。この国の子どもへの対応策が、医療機関、教育機関、地域社会、そして家庭環境までが互いに協力して行われているということがわかっていただけるだろう。

さて、自閉症スペクトラムの子どもでも、内向性が強かったりアスペルガー症候群のように、没入型で狭い範囲のものだけに興味を示して、その分野においてはほかの子どもよりも秀でた能力を発揮するのに、社会性に非常に乏しく、多動活動など普通の学校には通学できない子どもたちがいる。こういう子どもたちのためにスウェーデンでは、普通学校の敷地のなかに少人数の特別学級が設立されている。最高六人ほどのクラスで、各自の席は隣の人と本箱で仕切られていて学習に集中できるようにしている。すべての課題は左の本棚にあり、一つの課題をクリアするごとに課題を右へと置いていくというティーチプログラム方法（TEACCH：Treatment、Education、Autistic、Communication、Children）をとっている。

これは、アメリカで自閉症スペクトルムの子どもを

図2　子どもへの対応策

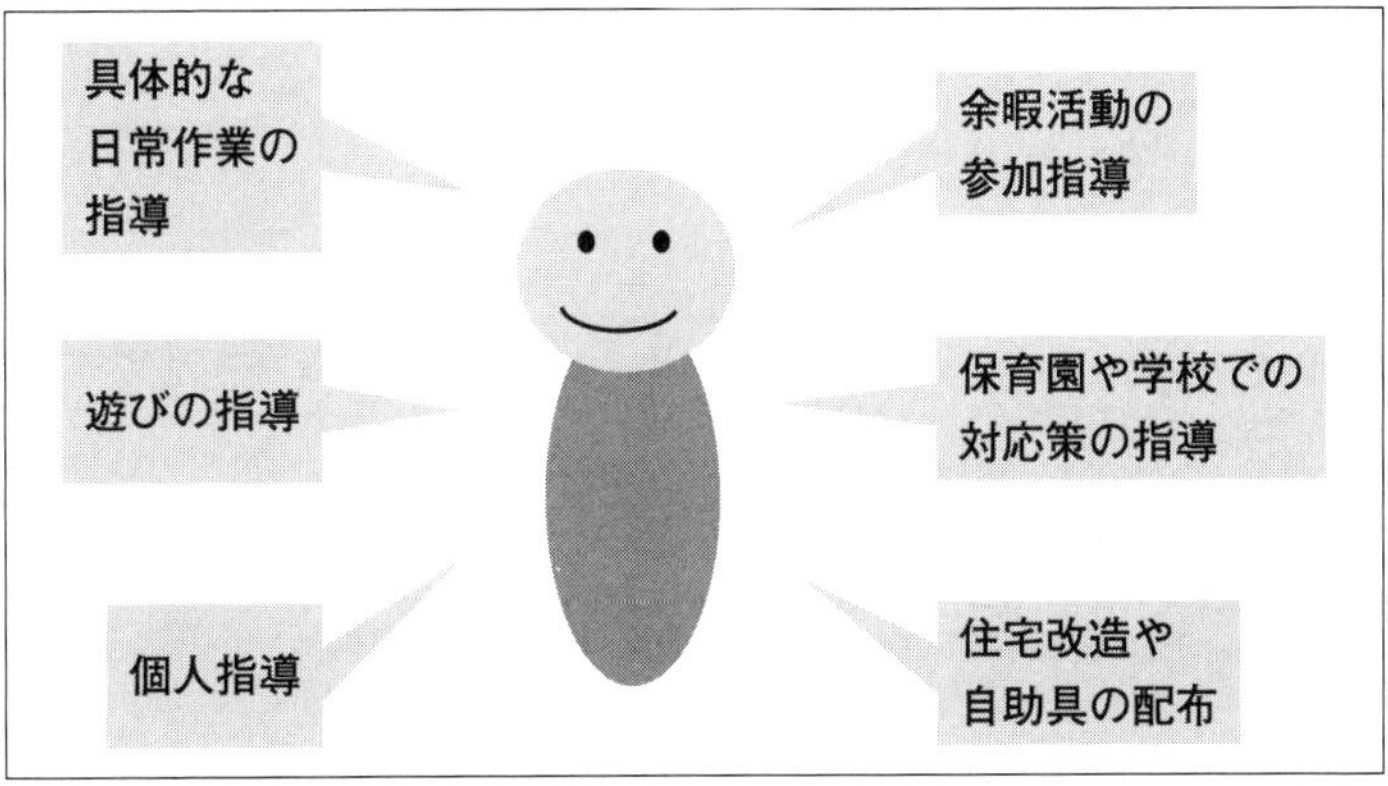

対象に考案された教示・学習方法である。たとえば、課題の一つに週刊誌の記事をハサミで切り抜いて糊でノートに貼ると予定表にあれば、左にある本箱から週刊誌、ノート、ハサミ、糊を取り出して目の前の机の上で作業をし、終われば右の本箱へ入れていくというような流れ作業となっている。教師としては担任と副担任がいて、なかにはパーソナルアシスタントが特別に雇用されている子どももいる。個人に合わせた授業が臨機応変にすすめられ、休憩時間になるとほかの普通クラスの子どもたちと一緒に遊び、全員が参加する学校行事にも普通に参加している。

重度の低機能症児になるとニーズはもっと大きく、たくさんの専門家の助けが必要となる。家族は昼夜を問わずに異常な行動をする子どもに振り回され、普通の生活がなかなか

ティーチプログラムによる学習コーナー

営めず、通常の勤務は非常に困難となる。両親が仕事をそのまま続けたい場合は、子どもの面倒を見るためにパーソナルアシスタントを雇うか、片親が仕事を辞めて介護手当てをもらうかになる。これらの権利を医療ソーシャルワーカーは、スウェーデンという国が執行している福祉政策のなかからもっとも適合している援助を必用に応じて両親に紹介していくことになる。

パーソナルアシスタントを雇用するための費用は、国がコミューンと協力してその全額を支給してくれる。作業療法士はこれら重度の子どもにかかわる割合が非常に高く、まず彼らのニーズを評価するための日常生活における作業評価表（ADL評価）を制作することになる。この表を見ると、ひと目で子どものニーズがどの程度のものかわかるので、地域の保険事務所にいる福祉インスペクター（調査員）がこの表にもとづいてニーズの必要度を把握し、必要なアシスタントを週に何時間派遣すればいいのか、また介護手当の支給額などを決めてゆくのだ。

さまざまな支援の一つとして、家族に喜ばれる住宅改造がある。スウェーデンでは、バスルームに短い手すりを取り付けるというような簡単な改良から、屋内にエレベーターを取り付けるなどの大きな改造までコミューンが必要に応じて無料で行ってくれる。住宅改造は、かつては身体的機能障害がある場合だけに認可されていたのだが、一九九六年、ハビリテーリングセンターに知的障害者が統合されて以来、彼らのための住宅改造も認められるようになった。それ以来、作業療法士が改良を目的として知的障害者の住宅改造も行ってきた。そして、現在、知的障害者だけでなく自閉症スペクトラムの子どもに対しても住宅改造の必要性が重視されつつある。住宅改造の定義はというと、「何らかの機能障害があるゆえに必要不可欠の住宅改造をしなければ普通の生活ができなくて、多額のコストがかかる場合にはそれをコミューンが援助する」となっている。以下に、自閉症スペクトラムの子どもたちに対して行われた住宅改造の具体例を挙げてみよう。

ある日、六歳になる重度の自閉症の子どもがいる家庭を訪問した。その子どもはサルのようにとにかくどこにでもよじ上り、衝動的行動多発、崩壊性を示しており、そのうえ発語もないという合併症があることがすぐにわかった。家に入ると、カーテンも出窓に飾る植木も何もなくてただガランとしている。バスルームのドアには大きな穴が開いているし、子どもの部屋の窓ガラスは壊れ、扉のノブははずれていた。両親は、消耗しきった顔でどうすればよいのかと困り果てている。子どもはというと、目の前であれよあれよという間に台所の高い棚の隙間に上り、そこから珍しいやつが来たとばかりに私を眺めている。父親が手を伸ばすと、すがるように下りてきた。

ここでの私の仕事は、とにかく子どもが起こしやすい事故をなくすためにあらゆる危険を防止することである。健常児であれば話して聞かせるだけでよいのだが、この子どもの場合には、コストがかかっても、住んでいる家そのものの修理や改造を重ねざるを得ない。そうでないと、通常の生活が営めないのだ。

まず私は、危険度の高い包丁やハサミ、そして洗剤や化学薬品が入っているすべての棚や引き出しに鍵をかけるように提案した。危険防止のために引き出しに鍵をかけることなど考えたこともない親は驚いたが、市販の子どものイタズラ防止用のグッズ以外にもさまざまな改良方法があることをていねいに説明すると、親は納得してくれた。そして、バスルームとトイレの扉には再び穴が開かないように耐久性の高いプラスチック板を重ねることにした。レンジには電熱を遮断するスイッチを隠れた場所に取り付け、料理をするときだけスイッチを入れるようにし、窓ガラスも耐久性の高い強化ガラスに交換し（あるいは、窓用フィルムを貼ってガラスが飛散しないようにする）、ドアのノブも特別に重厚な壊れにくいものに交換した。そして、姉の部屋には白木の垣根を取り付けて弟がなかに入れないようにした。これは、弟が姉の部屋に入って彼女らのモノを壊されないようにと配慮したためである。自閉症児だけの環境を考えるのではなく、家族全員が生活しやすいように考えなければならないのだ。

さらに、居間にあった姿鏡の上にもプラスチック板を重ねた。あとになってわかったことだが、すべての改造が終わった一週間後に、テレビの高音に反応した男の子がパニック状態に陥り、突如、鏡に向かって突進をして頭突きをしたのだ。鏡は粉々に砕けたが、幸いにもプラスチック板のおかげ欠片は散在せず、子どもも怪我をしなくて済んだそうだ。これ以外にも、逃避癖があるということなので垣根を設置した。これは、家の近くに高速道路があって、興味のあるものに対してすぐに突進していくので事故にならないようにと考えた結果である。

これらの改良・改造は、子どものニーズにもとづいて対応策が決められる。そのための書類を建築課に提出する役割は作業療法士が担っている。実際の改造は、コミューンの建築科が書類に応じて許可して専門の建築業者が行うわけだが、今述べたように、危険を予防することを目的として作業療法士が書類の提出を行っている。一方で、子どもの行動を抑制し隔離してしまうのではないかという懸念が生じるが、結果的にはその逆で、危険度を小さくすることによって彼らの行動範囲も広くなり、周囲の安全性も高まって家族との交流もより穏やかに行われることになる。

自閉症スペクトラムの高機能者

私が受け持っていた一二歳の二人の少年を紹介する。彼らは互いに面識がなく、それぞれの学校でそれぞれの問題を抱えていた。

グスタフ（仮名）少年が私のところに来た理由は、「学校の授業でたった一つの文章を書くのに多大な時間がかかって授業に遅れるから、携帯用のコンピュータかそれに代わるような補助器具はないか？」という母親の依頼が医療ソーシャルワーカーを通じて私に入ったからだ。これまでに述べてきたように私の仕事は作業療法士で、その主な内容は、子どもの日常生活がスムーズに行えるようにさまざまな形で援助することである。よって、グスタフの場合もその必要性を調べるために彼が通学している学校を訪問した。彼は、知能的には健常児と何ら変わらない。しかし、友達との関係がスムーズにいかず、教師と対立するなど社会性に問題があり、普通学級に属してはいるのだが、算数と国語などの基礎科目に関しては特別学級（六人の少人数クラス）に行くというように両方の学級をかけもちしていた。

訪問した学校は地区一番の大きな学校で、事前に電話で予約していた特別学級の教師に会った。そのときは、少年は普通クラスで社会科の勉強をしていた。特別学級の特別教育教員との会話から、少年の性格、問題点、可能性などを事前の情報として仕入れることができた。そのあとに普通学級を訪れると、五〜六人の生徒が一組になって机を寄せてグループ学習をしていた。そして、そのなかにグスタフがいた。

年齢のわりには身体が大きく、口は苦虫をかじったように一文字である。そばには、学習アシスタントが座っている。その反対側には、前日に学校で問題を起こしたと知らされた母親が心配になって座っていた。本人に原因を尋ねると、体育の時間に自分もサッカーに加わりたかったのだが、その時間に遅れたという理由でグループに入れてもらえなかったという。怒った彼は、体育館のドアを蹴飛ばし、それを体育の教師に注意されたのだがそれでも止めなかったようだ。そして、あげくの果ては体育館から追い出されてしまったそうだ。私に向かって話す彼の表情からは、ふてくされた感情と怒りがひしひしと伝わってくる。

授業終了の鐘が鳴るまで私は彼を観察した。鉛筆の握り方、文字の書き方、そのスピード、座っている姿勢、周囲への反応など、学ぶという作業の質と遂行能力などを細かく観察した。鐘が鳴って休憩に入り、彼は持ってきたバナナをかじりはじめた。そして、隣に座っている母親にもたれかかっている。

母親はグスタフをかばうように、「文字はスムーズに書けないが、教師の質問にはちゃんと口頭で答えられる」と説明してくれた。次の時間は養護教員から性知識について学ぶことになっていたので、クラス全員の生徒が講堂へ移動することになった。グスタフもゆっくりとバナナの後始末をして講堂へ向かった。私は母親とともに特別学級の教師のところへ戻って問題点などを細かく尋ね、これからのことについて助言などをしていた。すると、グスタフが怒った顔で戻ってきた。「講堂が見つからない」という。特別教員は、「ほらね」とでもいいたげに私を見て、グスタフを連れて講堂へ向かった。彼にとっては馴染み深い学校であるにもかかわらず方向感覚が認知できないとか、目で見える情報の選択ができないなどという症状は、このように道に迷うことで表面化してくる。しばらく母親と話して、ハビリテーリングセンターで再会する約束をしてその日は別れた。

もう一人のヨハン少年（仮名）に関していうと、少し前に、学校において使う椅子を補助器具として提供してくれないかと心理療法士から相談を受けていた。この心理療法士は、教師と親との懇談でこの問題が出たというのだ。授業する間、彼はちゃんと椅子に座らず、いつも机の上に上半身を投げ出すように覆いかぶさって授業を受けているという。姿勢が悪く、ダラダラと寝そべり、体育の時間も体育館を一周も走らないという。勉強に対する姿勢として、いったいどの程度のことを彼に要求してよいのかがわからないと困っていた。

私は、いつものように電話で学校を訪問する旨の連絡をして、クラス内の彼の行動を観察することにした。ヨハンも少々太り気味で、色が白い。髪も赤っぽく、そばかすが少し見える。どこかイタズラ好きそうな感じで、だぶだぶのシャツにズボン、しかもお腹周りを絞めないジャージーで、今流行のラッパー風であった。お喋りが好きらしく、話をすると笑顔で学校のことや家族のことなどをいろいろと教えてくれた。

このクラスは特別学級で、生徒は六人しかいない。先にも述べたように、集中力が散漫にならないようにという配慮から生徒それぞれにコーナーがあり、お互いが見えないように本箱でしきりがされてある。教室は広く、後方にはソファのセットが置いてある。ヨハンはというと、教師のいうように机にかぶさって算数の問題を解いている。問題をいくつかクリアするとさっさと片づけて、ソファに寝転んで雑誌を読みはじめた。彼の予定表を見ると、「静かに休憩してもよい時間」と書いてある。ほかの生徒を見ると、一人で地図を開いている子どももいれば絵を描いている子どももいる。教師を補助するアシスタントが、それぞれの生徒を巡回しながら何やら教えている。

それから、ひとときすると授業終了の鐘が鳴った。それぞれが勉強をやめて校庭へと出ていく。自宅から持ってきた果物をそれぞれ口にして、寒い外に向かって上着をひっかけて出ていった。私は、ヨハンの観察を続けた。上着を着るのも靴を履き替えるのも、その動作にまったく問題はない。ただ、歩行も動作も、筋肉の緊張感がないためかダラダラと緩慢に見えた。

次の時限はコンピュータの授業で、彼の大好きなゲームをモニターに映し出してはカタログにする作業をしていた。驚くことに、彼は普通の椅子に姿勢もよくちゃんと座っているではないか。四〇分もの間、熱心にコンピュータを操っていた。

結局、教師への助言としては、姿勢の問題ではなく彼のモチベーションに問題があると話した。また、筋緊張が低いために姿勢が悪いことも説明し、椅子に座る姿勢を正すのが目的か、それとも勉強を捗らすのが目的なのか、その目的によって対処方法が変わってくると話した。

姿勢を正すためにエネルギーを使い切って勉強がおろそかになるよりは、少々姿勢が悪いことは目をつぶっていたほうがよい。勉強に必要な事務用の椅子は、身体的障害もなく移動可能な子どもには与えられない規則となっている。それに、彼の姿勢を正そうとする補助器具用の椅子を想定するならば、胴体を固定する備品が必要になってくる。しかし、ベルトでがんじがらめにしてもまっすぐには座っていないだろう。その一方でコンピュータの時間にはちゃんと座っているわけだから、朝の点呼のときぐらいは姿勢をよくするようにとか、体育の時間には最低一周のランニングを要求することがいいのでは、と教師に助言した。

その後、数ヵ月が過ぎて夏休みに入って、両方の親から水泳をさせたいという要望が入った。二人とも同じ年だし、また太り気味なので、水泳をするのはちょうどよいと、週一回の五週間のプログラムを組んでハビリテーリングセンターへ呼んだ。泳げるけど潜れないグスタフは潜れるようになるのが目標で、ヨハンのほうは泳げるようになることが目的だった。一方、親たちと私の目的は、水泳を通して適度な運動をさせることと同時に社会性を培うことであった。というのも、グスタフの母親が、「夏休みに入ってから、友達もなく塞ぎ込みがちな息子が自殺を口にしている」といって心配していたからだ。

初めてのプールの日、二人の少年は互いに顔を合わせた途端、両方ともクルリと背を見せて反対方向へ歩いていってしまった。更衣室を同じにしようと考えていた私は、急遽別々の更衣室を用意しなければならなくなった。プールに入っても、お互いを決して見ようとはしない。そのうえ、すれ違いざまにイジワルなコメントをいってしまう。とくに、ヨハンのほうが口が達者だが、それに対するグスタフも負けていない。

ヨハン　潜るのなんて簡単だぜ。（頭からザブッと沈んでみせる）

グスタフ　ふん、泳げないくせに。

ヨハン　こんなのは、すぐに手に取れるさ。（プールの底にある訓練用リング）

グスタフ　足で取ってるだけじゃないか。インチキだ！

こんな具合にお互い挑発をしながらも、決して視線は合わさなかった。

グスタフは、母親が髪を洗うときにも苦労するくらいに水が顔にかかるのが嫌なのだ。ヨハンのほうは平泳ぎを披露してはくれるが、同じところでバシャバシャと手と足を動かしているだけでちっとも前にすすまない。しかも、四、五回手足を動かすと、「疲れた！」とばかりに泳ぎをやめてしまった。

二人は牽制しあいながらもしばらくするとプールの水に慣れたので、グスタフにはプールの端から端まで（一七メートル）を五往復、ヨハンには短い側（七メートル）をとにかく泳ぎきることという課題を出した。ヨハンにスイミングボードを渡して足だけの泳ぎもトライさせるが、何だかんだと理由をつけてはすぐにやめてしまった。

二人の母親はプールサイドのベンチに座って様子を見ていたが、グスタフの母親は用事があるといって出ていってしまった。しばらくして、グスタフに水のなかに顔をつけることをすすめると、嫌な表情でチラリとヨハンを見やった。ヨハンの手前拒否もできないのでトライしてみたが、すぐにむせ返って顔を真っ赤にして起き上がると同時にタオルに手を伸ばして顔を拭いた。

「できない！　無理だ」

「できるよ」

「絶対できない！」

「できるよ！　保証する。でも、何が嫌なの？　鼻に水が入るのが嫌い？　目に水が入るのが嫌い？　それとも耳？　どの部分が嫌なの？」

「……目に水が入るのが嫌だ！」

「そっかぁ、目に染みるからねぇ」

私は倉庫に行って、水中メガネを取ってきて手渡した。

「これは水泳の選手がよく使っているのと同じものだから、目に水が入らないと思うよ。試してごらん」

そばから「水中メガネは僕も持っている。高いやつだぜ」と言ってくるヨハンを睨みつけながら、グスタフは半信半疑にそれをつけてそっと水面に顔を近づけている。私は練習用のリングを一番浅い底に沈めて、それを取るように指示した。腕を伸ばせば簡単に取れそうな位置である。

「僕なんか、もっと深いところでも取れるぞ！」と、ヨハンが挑発する。グスタフはムッとしながらも、恐る恐る、しかも水が顔にかかるかかからない素早さでリングを手にした。

「できたできた！　取れたじゃない」

しきりに褒めてはリングをまた底に沈める。自信が出てきたのか、それとも挑発され続けているからか、少しずつ深いところに移動していく。数回繰り返したあと、気がついたら顔を全面水につけても平気になっていた。

グスタフのすることがいちいち気にかかっていたヨハンだが、彼が顔を水につけても平気になりはじめるのを見ると、私の指示に従って泳ぐ練習をはじめた。手を掻き分けるときに水を押すように指示する。平泳ぎなのに足がバタ足になっていたのを横へ広げるように指導すると、少しずつ前にすすむようになってきた。それを見ていた母親も、「できるじゃない」と喜んでいる。

「諦めないで、最後の一掻きを増やしていってみて！　数えるから」と大きな声でいって数えはじめた。「一〇回、一二回、一八回」、手足が動く、休んではまた数える、遊んではまた数えるという繰り返し。何とかできるようになったころ、グスタフの母親が迎えに来た。

「ママ、見て！　潜れるよ」

グスタフの嬉しそうな笑顔が輝いていた。潜ってリングを手にする仕草も誇らしげである。母親もこれにはびっくりしていた。生まれてこのかた、お風呂に入るときも顔に水がかかるとパニックになって大騒ぎをしていたわが子が、浅い底のプールではあるが潜っているのだ。

「これと同じ水中メガネを買いに行こうよ」

母親は「もちろん！」と約束して、その日が終わった。

この二人は最後まで牽制しあっていたが、それでも最後のほうには互いの存在がうとましくはなくなったようだ。ひょっとすると、牽制する言葉も一種の社会交流かもしれない。しかし、こういう憎まれ口を常にいっているとやはり大人の社会でははみ出してしまう。社会性の訓練は、また後日、ロールプレイなどをしながら自制が効くように訓練しなければならないようだ。

結局、グスタフは潜るのが得意になって、一番深い底に沈めたリングも取れるようになって、公共のプールに行っても潜ってばかりいるそうだ。また、大騒ぎしていたシャンプーも、自分で洗うようになったと後日母親から報告があった。ヨハンのほうは相変わらず机にもたれて寝そべるようにして授業を聞いてるし、体育の時間もこれまで通り一週も走らないでボソボソと皮肉をいっているらしい。しかし、水泳では七メートルをクリアすることができた。

カール

ある日、今にも泣き出さんばかりに目を真っ赤にした同僚のヘレナに職場の階段で会った。

「カールが何にも食べなくなってもう四日目。水も受け付けないって、今さっき電話があったの。だから、今日はこのまま早退するわ。知的障害だけだと思ったら大間違いね。次から次へと和泉のように問題が湧き出してくる……」

彼女は、もうやりきれないというように涙するとそのまま階段を下りていった。

カールというのは現在一八歳になる息子で、知的障害者である。ヘレナは、特別教育教員としてハビリテーリングセンターで働いており、当時は医療チームのリーダーとしても活躍していた。いつも人を笑わせることが上手

ヘレナとカール

で、彼女の朴訥なジョークや素晴らしいユーモアには終始励まされていた。そんな彼女の涙を初めて見た。彼女の息子は重度の知的障害があるだけではなく、身体が衰弱し、関節が悪くて足腰が立たなくなる症状が出はじめ、車椅子が必要になった。

カールの出産状況は通常通りで、分娩には別に異常はなかった。両親ともスウェーデン人らしく大きくて、生まれてきたカールも標準より少し大きめの四二〇〇グラム、五二センチと元気な赤ちゃんの誕生であった。ただ、両手の親指の横にもう一つのできそこないの親指がくっついているという多指症であったが、これは手術で除去すれば何の後遺症も残らないものだ。

スウェーデンの乳児は、毎週のように、身長、体重、頭囲の測定検査のために居住地域にある乳幼児保健センターに通うことになる。カールも、二歳と違わない姉とともによくこの乳幼児保健センターへ通っていた。カールは、生後八ヵ月になってもバランスが悪く、腰を支える筋肉に緊張感があって一人座りをすることもできなかったが、いつもニコニコ笑顔の息子を見て、発達が少々遅れている程度にしかヘレナは考えていなかった。九ヵ月になったときに多指症の手術をして、余分な親指は無事に除去された。このころ、教員でもあるヘレナは、多少言葉の遅いカールに対して「食べる?」などの簡単な手話で話し掛けたりしていた。

人より遅れてはいたが一人座りもやっとできるようになり、一歳を過ぎてハイハイをしはじめたときには家族中でシャンペンを開けて喜んだ。しかし、二歳になってもカールは歩きだささなかった。乳幼児保健センターの定期検査で発達の遅れが目立ってもその度合いは人それぞれだと思っていたヘレナにも、さすがにその異常さは理解できた。病院では検査に検査を重ねてその原因を調べたが、いずれも異常は見られなかった。

そこで彼女は、マルメコミューン唯一のハビリテーリングセンターにカールを連れて通いはじめることになった。まず最初に、理学療法士、作業療法士、心理療法士、医療ソーシャルワーカーなどの医療チームに属するメンバーに会ってミーティングをしたわけだが、あまりの人数の多さにヘレナが圧倒されていたことを今でも覚えている。この経験から、両親とのミーティングの際には、普段から顔を合わせている少人数（主に一人か二人）の療法士だけが参加してミーティングを行うことになった。

病名ははっきりわからず、「発達遅滞」とだけ称してLSS法（三二ページを参照）の擁護を受けられるようにした。三歳半になってカールはやっと歩きはじめたが、アキレス腱が短いためにつま先立ちでしか歩けず、やはり両足の手術が必要になった。また、夜になってもあまり眠らないカールに睡眠促進剤を飲ませた。その副作用かどうかわからないが、四歳を超えたころから癲癇《てんかん》の症状が出はじめた。さらに検査を繰り返したわけだが、あまりの検査の多さにカール本人も両親も疲れ果ててしまい、また彼の症状がよくなっているわけでもないからと検査を拒否するようになった。

それからは、一進一退の繰り返しだった。歩きだしたカールは活発で嬉しいのだが、予測できない行動に移るので常に目が離せない。ある日など、カールを目の前にしてずっと見守っていたにもかかわらず、あっという間にコーヒーポットに手を出してお腹に火傷《やけど》を負わせて救急病院に飛び込んだこともあったし、別の日には、どこで見つけたのか一〇センチもある釘《くぎ》を口に入れたまま庭を走しり回って、転んだ拍子にその釘が喉の奥に突き刺さってしまったということもある。

しかし、「このような事故は、健常な子どもが元気に走り回っていれば同じく起こるものだから」と彼女はいう。危ないからといって止めてばかりいたのでは、何も体験せず、喜びや感動を知らない子どもになってしまう。だから、このような事故はいくらでも我慢ができるともいう。

これには私も同意見で、たとえ注意をしていても子どもは親の目の前で転ぶし、不慮の事故は防ぎようのないものである。そんなことよりも彼女が我慢できないのは、周囲の反応が嫌味に聞こえるときのようで、そのときは本当に悲しい思いをするという。

たとえば、親戚や知人の家へ遊びに行ったときなどに、整理整頓されている装飾物をカールが触れないように振る舞ったり、ヨダレのついたところをすぐに拭かれたりすると、一瞬で居心地が悪くなってしまう。その結果、そういう家とは疎遠になるので当然友達の数も減っていくことになる。「身動きが取れなくなるまで息子の行動を抑えるつもりはないし、そこまでしてその人たちと交際しなくてもいい」と彼女はいう。

また、LSS法に属することでカールをショートステイホーム（**コラム**参照）に預けられるようになったのはいいが、その際に「ほっとするでしょう、よかったね」と声をかけられることがある。その人が悪気でいっていないのはわかるが、わが子をよそへ預けて嬉しいと思う親はいないわけだから、この言葉は慰めにも励ましにもならない。真の友達といえるのは、カールの病症に慣用でいてくれる人たちだと思う。嬉しいことに、そういう理解のある友達は残ったし、新しい友達もできたということだ。

このように、家族の一員が障害をもっているとわかった場合は家族関係にも摩擦が生じ、とかく家族の崩壊が見られる。しかし、私の同僚の場合は離婚するでもなく、いまだその関係は温かく確固としたもののように思える。そのことについてヘレナに尋ねてみた。

「うちでは順番に悲しんでいるの。私が沈んでいたら、主人が気を強くもって励まし、逆に主人が悲しんでいたら私がと……。両方が一緒に悲しんでいたら、両方とも井戸の底奥深く沈んで這い上がれなくなってしまう。今では、井戸の奥にはまりそうになるのが予測できるから、落ち込む前に相手にいっておくことにしているの」

家族が互いに助け合えるというのは、理想的な形態といえ

コラム　ショートステイホーム

家族にかかる介護負担を少なくするための施設で、短期間の入所を条件にしている。たとえば、隔週、週末、各週末、週に１日あるいは２日間と、それぞれの家族のニーズに合わせて日にちを決めて入所できる。ショートステイホームはLSS法にもサービスの一つとして定められており、社会福祉事務所にその必要性を申請することになっている。

るのではないだろうか。私が見るかぎりでも、ご主人が夜の食事をつくったり、カールの介添えをしたりと、お互いに助け合っている。家庭のことと仕事を平等にこなす風潮のあるスウェーデン社会においては、これは理想ではなく当たり前のことなのかもしれない。しかし、それを継続させるには相互の多大な努力と忍耐が必要になってくる。現に、スウェーデン人のなかにも障害児が生まれたために離婚する人が多い。

カールの身体的な成長は、栄養失調のため九歳ごろでほぼ止まっていた。しかし、胃ロウのおかげで食事もとれて、ゆっくりではあったが、現在では一七〇センチにまでなっている。両親ともに背が高いので、本当ならもっと伸びていたかもしれない。そして、知的成長のほうは三歳程度で止まっている。それに、まだオムツがとれていない。日常的な会話の受け答え（イエス・ノー）はできるが、少し複雑になってくるとわからなくなってしまうようだ。「不思議なことに、実用的な機能は結構いいのよ」と、ヘレナは話してくれる。

音楽が好きで、ラジカセのテープも自分で交換するし、一人で最近流行りの曲を聴いては楽しんでいる。そして、週一回は知的障害者のためのコーラスクラブにも通っている。歌詞もちゃんと歌えるし、音程もとれる。何といっても、リズム感があるということらしい。太鼓やタンバリンはお手のもので、ちゃんと教える通りに叩くことができるそうだ。

ボールで遊ぶのも好きだが、ペア用の自転車を補助器具として無料配布されてからというもの、家族やアシスタントと一緒に乗るのが楽しみでしようがないということだ。「カールにとって、これまでの補助器具のなかで最高の補助器具だわ」と、ヘレナも喜んでいる。

これで外に買い物に連れていけるし、自転車のスピード感を肌で感じることもできる。モーターがついているので、ちょっとした坂でもこれであれば乗り越えられるし、このペア自転車で近所を走り回れば、近所の人たちも珍しがって話しかけてくれるようになったということだ。カール自身が少々自慢していた自転車で、一つの社会交流ができたわけだ。

残念ながら、この自転車を補助器具として配布したのはこの年だけで、コストの高いペア自転車の配布はその後は打ち切られた。幸い、配布された自転車はそのまま継続して利用してもよいということになった。ヘレナは、配布されなくなったペア自転車について、「障害者の喜びを一つ消されたようで悲しい」といっていた。

カールは特別学校の訓練学級へ入学し、現在は特別訓練高校に通学している。クラスには同等の知的重度の障害児が五人おり、教師とアシスタントが常時三人いる。特別訓練高校での生活は、初めの間は病気の定期的な波があるくらいで問題なく過ごしていた。ところが、カールの成長が停滞して健康状態が悪くなってしまってからというもの、日増しに弱くなっていった。前述したように、歩行が困難になって車椅子を必要とするようになり、胃に穴を開けてそこから栄養剤を注入する胃ロウの手術をしたのだ。そのおかげで数週間後には再び元気になったが、以前のように自由には動けず、やはり車椅子を必要とするためにさまざまな住宅改造も必要になった。

カールを担当している作業療法士に、段差のある玄関やテラスをバリアフリーにすることと、二階にあるトイレとすぐ隣りのクローゼットを潰してシャワールームに改造し、階段の上り下りに必要な座椅子用のエレベーターを設置するように頼んだ。というのも、カールを抱いて二階に上がる際にヘレナが転んで落ちて怪我をしてしまったことがあるからだ。住宅改造は申請通り許可され、コミューンによって無料でバリアフリーに改善された。

その後、カールは新しい検査を受けた。この検査の専門部局はオランダにあるらしく、そこから結果が来るのに一年半もかかった。カールの病名は「Rhizomelic chondrodysplasi punktata typ 1」（胎児性軟骨形成異常症の一種）という長い病名だった。二つのタイプがあるらしいが、彼のは「タイプ1」だった。そして、この病名を医学辞典で調べると、「誕生する赤子は身長も頭も小さく、手足も短い」と記されてあった。そして、「ほとんどの子どもが一年半以内に死亡する」とあった。この記述とカールを比べても当てはまるところがないわけだが、医者がいうのには、「カールは、この種類では珍しく軽い病気です」ということだった。とにかく、カールは非常に珍しい病名をもって生まれてきたことになる。

「うちのカールは、珍しくも稀なる〝ユニーク〟な子だわ！」と、ヘレナは冗談にいう。ユニークといえなくもないが、彼女の明るさには圧倒されるばかりだ。

「インテリという言葉があるけど、人間にはさまざまな才能がある。大学の教授になるような人もいれば、銀細工のように細かな作業を難なくこなしてしまう人もいる。カールのように、庭の花に見惚れるのも才能だから」ともいって彼女は笑った。

たしかに、人間の才能を数値で評価することはできない。また、人格の是非を問えば、大学教授の人格とカールの人格がまったく逆の結果になってしまうという可能性もある。知的障害という障害をもちながら、ピュアに周囲を受け入れ、優しく、人を欺くことも疑うこともしないカール。自分に課せられた人生を彼なりに歩き続けているカールの優しさは無限で、数値で評価することができるものではない。

健常者である我が子でさえ、そのまま素直に受け入れることのできない親が多い。もう少し勉強してくれたら、もう少し積極的になってくれたら、もう少し走るのが早かったら、もう少し器量よく生まれていてくれたらと、さまざまな欲が出てくるのが一般的な親であろう。そのなかで、障害をもったカールをそのまま素直に受け入れている同僚のヘレナはすごいと思う。きっと、彼女だけでなく、世界にはたくさんの親が、毎日、我が子をそのまま受け入れるように努力しているのだろう。そういう人たちには、私はただただ脱帽するのみである。

同僚たちと、一〇代になっている娘や息子の話をよくする。この年代は、子どもでもなく成人でもない、いわゆる第二反抗期の時期である。さまざまな社会の価値感に遭遇しては反発をし、さまざまな問題を起こす時期でもある。さらに、アルバイトや就職先についての話題でも、国債の発行が増加する一方のスウェーデンが行う不況政策のおかげで失業者も増え、そのうえ高齢福祉も削減されて将来は不安だらけである。しかし、こんなときもヘレナは、「一番安定しているのはうちのカールの将来だね！」といって私たちを笑わせる。すでに障害者年金をもらって生活しているカールにとっては、就職の心配も失業の不安もないということだ。

「見て見て、笑っちゃうよ。こんな召集令状がカールにも来たよ!」といって、ある日一枚の紙切れを見せてくれた。その召集令状というのは義務となっている徴兵制にもとづくもので、一八歳になったカールもほかの人と同様に呼ばれたのだ。

「カールは障害者名簿にも登録されているし、なぜこんなものを寄越すのかしら? 国防省はそれほど困っているのかしら……」と苦笑して、次のように言葉を続けた。

「カールは馬が好きだから騎兵隊なんかいいかもね。それから、リズムが取れるから出陣の鼓笛隊だったら務められるかもしれない。希望を書いて、召集試験場まで車椅子を押していってみようかしら?」


悲憤慷慨《ひふんこうがい》の気持ちだったろう。兵役は一応義務とはなっているが、数年前からは防衛予算も削られて全員が召集されることはなくなった。また、召集されても、最終的には個人的な理由でもって兵役を免れることもできるようになっている。かつては、兵役を棄権した場合はその期間中、社会奉仕と称して病院や保育園などで働いていたのだが、最近ではそれすら行われていない。なのに、重度の障害をもっているカールのところへ召集令状が届いたというのは皮肉としかいえない。スウェーデンの完全背番号制という登録システムにも、どこかに欠陥があるようだ。

パルクスクーランの卒業式

スウェーデンの高校の卒業式は人生のなかでもっとも盛大なイベントで、日本の成人式に匹敵するようなものである。私の同僚たちも、息子や娘の高校の卒業式が迫ってくると一週間も前から休暇をとってその準備に余念がないほどだ。

卒業式当日の高校では、両親をはじめ兄弟や親戚一同が、子どもの幼いころの写真を大きく引き伸ばしてボードに貼り付け、その周りを風船や国旗の色でもある青や黄色のリボンで派手に飾って持ち上げている。迎えに行く車も、当然のごとく花や風船や白樺で飾られている。卒業する女子は白い洋服に身を包み、男子はスーツでピシッと身を固めて、男女とも全員が卒業用の白い帽子を被っている。この帽子の内側に互いがサインをして、高校卒業のシンボルとなるわけだ。

日本の卒業式のような厳粛さはなく、校長の「卒業」という掛け声とともに全員が歓喜の叫び声を上げてクラスごとに踊り出てくるのである。校庭で待っていた両親や親戚一同は手にした花束を彼らの首にかけ、シャンパンを開けて校庭で酌み交わしたり、楽団を編成して迎えたりとさまざまである。そしてそのあとは、飾り付けのされた車に乗って市中をパレードするのである。車もスポーツカー、クラッシックカー、トラック、馬車、オートバイとこれまたさまざまで、なかには消防車を借りてわが子を迎えに来た家族までいる。高らかにホーンを鳴らし、大声で奇声を上げながら市中を走り回る車は、五月下旬になると街の至る所で見かけることになる。

とはいえ、ひと昔前まではこの卒業式も厳粛なものであった。卒業式は試験の日でもあり、人生を左右する試練の日でもあった。卒業生は教師から出される口頭質問に答えられないと失格となり、家族が待っている校庭に駆けだすことができず、裏門から静かに出ていったそうだ。期待に胸を膨らませて待っている両親たちはなかなか出てこないことで子どもの留年を悟って落胆したにちがいない。それだけに、校庭に走り出るときの歓喜の声が卒業生の最大の喜びであることがわかる。

時代が変わって、人権というものを考えた場合にこのような対応がいかに不公平であるかを考慮して、今では全員が卒業できるようになった。そして、知的障害者の高校もそれ

パルクスクーランの卒業式

に同調しはじめた。数年前、パルクスクーランにマリアン・ディムリン（Marianne Dimling）校長が赴任してきてからは、この知的障害者のための高校も大幅に改革改善された。従来の特別学校という意識よりも、一般の普通高校であるという考え方である。そして、ここでの卒業式の話に入る前に、私がなぜパルクスクーランと関係があるのかを話しておこう。

ある日、私はマリアン校長に呼ばれてここに出張サービスに出掛けた。秋から、一人の重度知的障害者が特別訓練学級に転入してくるというのだ。そして、転入してくる彼女というのがハビリテーリングセンターで私が担当している自閉症の一七歳になる少女であった。これまでにも、何度か彼女の自宅を訪問しては住宅改造を行ってきた。とくに、逃亡癖のある彼女のために一八〇センチメートルもある高いフェンスを広い庭の全部に造ったし、バスルームも彼女とその家族のためにコミューンがすべて無料で改築したのだが、一年後には引っ越しをしてしまった。「近い将来、引っ越しを考えていませんね？」と何度も念を押し、そのうえ「もし、引っ越しをすると次の家屋での住宅改造は難しくなりますよ」と説明していたにもかかわらず彼らは引っ越しをしたのだ。その理由として、「隣人たちから苦情が出たから」といった明らかな嘘をいう。

きれいに改築された家屋は、彼らが購入したときよりもはるかに高い値段で知人に売っていた。こういうことを、平気でやってのける家族がいる。もちろん、絶対に引っ越しをしてはいけないというのではない。スウェーデンでは家族の構成やそのニーズによって引っ越しをするのが当たり前で、日本のように自分の家を購入したらそこに数世代も住むということはまずしない。しかし、改築してすぐに売られては、福祉の恩恵を悪用されたとしかいいようがない。

とにかく、この少女が転入してくるというので学校の環境を新たに見直す気になったらしい。マリアン校長自らもそれに加わって、教育委員会の代表者、作業療法士の私、そして彼女の教師となる特別教員を入れてバスルーム改造の検討をはじめた。私が加わる前に、すでに座椅子用のバスタブは注文してあるという。この少女はまだオムツをしており、下《しも》の世話をシャワーで行わなければならない。身体はというと、肥満体ともいえるほど大きくて、パニックになると少し凶暴にもなる彼女をどのようにして清潔に保つかが今回のテーマである。

バランスを崩しやすい少女のことを考えると、座椅子用のバスタブでは普通のものよりも足を高くて上げて跨がざるをえないので、彼女にとっては困難なのではないかと校長に話した。ましてや、特別教員は私よりも体が小さい。あの大きな彼女が転びそうになった場合に、果たして支えることができるのだろうかと不安になった。しかし、特別教員は、シャワーを使ったときの水の跳ね返りを防いだり、汚物で汚れないために何とかしたいというのだ。

私は、バスタブの代わりに、今あるシャワーカーテンを身体半分の高さにすることを提案した。そして、壁には少女が持ちやすいように手すりをつけ、そこに彼女の興味を引くものをぶら下げるようにいった。また、サポートする特別教員には、ナイロンの使い捨てエプロンを使用してはどうかと付け加えた。これまでは、同じエプロンをスタッフ全員が利用していたそうだ。衛生面を考えても、使い捨てエプロンのほうがはるかによい。マリアン校長も私の意見に同意して全面的に協力してくれることになり、私がその提案をまとめて予算案を出すことになった。その結果、コミューンが保証している大工さんにさらなる工夫をしてもらって、使いやすいシャワーコーナーができ上がった。座椅子用の高いバスタブはキャンセルとなったが、学校側では、結果的にはコストも安く、いいものができたことを喜んだ。

こういうことを一例として、私はパルクスクーランとも交流があるわけだ。だから、担当の知的障害児たちが四年間かけて高校を卒業することは決して他人事とは思えない。そして、マリアン校長は、ここの子どもたちにもほかの高校と同じような卒業式をさせてあげようと考えたのだ。しかし、パルクスクーランで卒業式を盛大に行うことはおかしい、と反対する人もいる。難解な試験を通過し、大学入学の資格を手にすることを祝う普通高校の卒業式と、知的障害者がただ単に四年間通学したということだけで同じように祝うのはおかしいというのだ。これらの反対に対して、マリアン・ディムリン校長は次のようにいった。

「この子たちは、それぞれのレベルで努力して卒業するのですから、それを祝うのは当然です」

私も、パルクスクーランの卒業生を祝いに数人の同僚とともに参加した。ハビリテーリングセンターで受け持っていた子どもが成長して高校を卒業するのを、家族とともに祝福するのだ。校庭には、着飾った両親や家族が花束や看板を持って待ち構えている。クラスで教師から祝辞を受け、マリアン校長からは門出を祝う「キック」をお尻に受けて一人ひとりが校庭に姿を現してくる。一人で歩けない生徒は、アシスタントとともに待っている人たちの前に出てくる。それから、校庭に特別にあつらえた演壇の上で門出を祝う卒業生の歌を合唱し、ライオンズクラブから出た祝い金をそれぞれが受け取っている。楽隊が演奏するなか、青空に向けて色とりどりの風船が放たれた。

ハンプスとトニア

この日卒業する生徒のなかにトニア・ペーソンという女の子がいたが、彼女は「特別学校の大使」と呼ばれるほど新聞やメディアを中心に知的障害者の人権を訴え続けてきた。彼女の義務教育は、想像できるように楽だったとは決していえない。知的にも多少の遅れがある彼女は、初めは普通学校に通っていた。流行に遅れたヘアースタイルやメガネのことでからかわれ、学習スピードについていけないことで仲間はずれにもされた。ある教師からは、「彼女はまったくの無能である」とまでいわれた。

特別学校に移ってきたころはまだ文章もろくに読めなかったが、四年間の学習の結果、新聞も分厚い本も簡単に読みこなしてしまうほどになった。弁舌《べんぜつ》にも長けていて、政治にも関心があり、学校では生徒会長を務めていた。人を魅了する話法など、一目置かれる人格へと成長した彼女は穏健党（保守派）の会員を育てるヤング穏健党にも入会していてEU（ヨーロッパ連合）の議題にも興味をもっているし、特別学校を閉鎖するという政策には真っ向から抗議をして、次のようにその必要性を訴えている。

「われわれ知的障害者には、特別なニーズと安心できる生活環境が必要です。普通学校では与えられない教育を、ここで受けることができるのです」

彼女は、自分に知的障害があることを表面に出すことは恥ずかしいと思っていないという。そして、「知的障害者だからといって、人間的に劣ることはないからです」といって胸を張る。「人格の上下は知的の優劣で決まるものではない」という彼女の言葉に、パルクスクーランの生徒たちも励まされた。

外見だけではほとんどわからない知的障害者は、普通、社会に出てから数々の問題に必ず出合うことになる。そのときに、知的障害者だからといって馬鹿にする友達は真の友達でないと彼女はキッパリといい切る。そして、一歳年上の、軽度のダウン症のハンプスと近々同棲をはじめるという。同棲はスウェーデンでは一般的で、付き合っているカップルにおいては何ら不思議なことではない。秋からは国民大学（folkhögskolan）で勉強するというトニアは、友情から愛情に変わっていったハンプスとともに幸せそうに卒業の味を噛みしめていた。

第3章

成人した知的障害者の日常生活

カフェで働くサビーナ

基礎学校（九年）、高校（三年）と普通よりも数年の余裕をもって卒業した成人の知的障害者たちは、その後どうしているのだろうか。知的障害者専用の大学へ行く人もいるが、大多数はいろいろな授産施設で働くこととなる。そのなかの一つとして、「はじめに」でも記したハビリテーリングにあるカフェを紹介しよう。

ハビリテーリングセンター内に、成人の知的障害者が経営するカフェがある（前ページの写真参照）。これは地域参加活動の一部で、デイセンターなどの施設に長くいた成人の知的障害者たちが、ノーマルライフを実行するためにはじめた活動の一つである。マルメコミューンの近郊には、こういう一般の人を相手にするカフェが、病院だけではなく国民大学のなかなどに六ヵ所ほどある。そこにはたいてい一人の指導員がいて五〜六人の成人の知的障害者を担当しており、食材の購入から調理、販売、さらに経営的指導と多方面にわたるサポートを行っている。そして、ここで働いている成人の知的障害者はほとんどの人が自宅から通ってきている。

ハビリテーリングセンター内のカフェに、指導員であるサビーナ・スベンソン（Sabina Svensson）さんがいる。てきぱきと要領よく仕事をこなしていく彼女は、この仕事をはじめて二六年にもなるベテランである。現在、五人の成人の知的障害者を一人で担当している。この五人のメンバーはたまに入れ替わったりするし、指導員の実習生やこの仕事を体験するためにほかから成人の知的障害者が実習に来たりするので、小規模のカフェも結構賑やかである。

一日の営業は八時半から一五時半までだが、個人の能力に労働時間を合わせているので出勤時間はそれぞれバラバラとなっている。たとえば、ダウン症の人は普通の人よりも年代的に早く思考能力が劣ってくるし、アルツハイマーになる人も多く、フルタイムで働くことが困難になる。このような個人の能力と希望を考慮して、労働時間を制限しているのである。

このカフェで働いている人たちは、いまだ実家に住んでいるアンネリー（Anneli）を除いてはすべての人が独立して一人でアパートに住んでいる。ノーマライゼーションが浸透してから、みんな施設から個人のアパートへと引っ越しをしていった。しかし、すべてのことを自力でやれる人は少ない。そのために「サテライト形式」をとっている。どういうことかというと、地域にあるグループホーム（**コラム**参照）などが地球という基点となって、サテライト、つまり人工衛星となる個々のアパートに住む知的障害者に対してサービスを行っているわけだ。

各グループホームには、夜勤として常時二人、そして日勤は五人ほどの職員がいる。朝早く、サテライト住宅に住む知的障害者を電話で起こすのも仕事の一つである。さらに、朝食をちゃんと食べているかどうかを確認し、グループホームからスタッフが出掛けていって出勤前のひととき手伝うという場合もある。そして、仕事が終わるころになれば、帰宅しているかどうかを確認する電話をしたり、夕食の準備なども行うことになる。週末には、孤立しやすい知的障害者のためにグループホームの住民とともに夕食をとったり、ゲームなどをして憩いのひとときをもったりもする。このように、スタッフとの信頼関係も家族同様に育むのが通常で、ノーマライゼーションでとかく孤立しやすい成人の知的障害者の社会交流はこうして促されている。

土日の週末のほかに家事休みが一日あって、この日はグループホームのスタッフとともに買い物に出掛け、掃除、洗濯などの家事をする日となっている。仕事から帰宅すると何もしないで過ごすのではなく、週に何回かは興味のある講習に参加することもできる。知的障害者全国連合会（FUB、一九ページ参照）がアレンジする知的障害者のためのサークルがあり、内容も、コーラス、ダンス、ボーリング、スポーツと豊富なものになっている。また、マルメコミューンでは、ケア福祉体制の一環として郊外の森のなかにサマーハウスが特別に設けられている。ここは予約制ではあるが、一週間無料で貸し切ることができる。施設に住んでいたときはどこにも出掛けることのなかっ

コラム　グループホーム

これは、家庭の代理をする施設で、数人が一緒に一つ屋根の下に住む男女混合のホームである。なんらかの理由から家庭で介護できない重度障害児を専門に預かるホームや、成人の知的障害者が数人で生活する場、認知障害者を専門とするホームなどもある。24時間ケア体制でスタッフが常にいる。入居年齢に沿って、学校へ通う人、授産施設へ仕事に出掛けたりする人とさまざまな人がいる。

た知的障害者のために、グループホームが特設したものもある。

カフェでは、それぞれの仕事の分担が各週一度のミーティングで決められており、出勤すると同時にそれぞれが仕事に入る。毎朝、届けられるパンやパイの処理、店舗の掃除、昼食用に出すサラダの準備など仕事は多い。サビーナは、主に事務処理に奔走することになる。経営面でいえば、儲けはないがマイナスになることもなく、まずまずの成績であるそうだ。パイなどは、ほかのデイセンターにいる知的障害者らがつくったものを仕入れ、カフェのコーナーで販売しているTシャツ、テーブルセンター、袋、便箋なども、横のつながりのあるデイセンターから購入している。そのためか、グループホームに住んでいる人たちも、毎日、染め物、絵画、料理など、自分が得意とするデイセンターを選んでそこに通って、カフェなどで一般市民に売られていくものをつくっている。

どんなに重度の知的障害をもっていても、みんながなにがしかの労働をして社会に貢献している。カフェで働く給料は、一日三六クローネ（お子さまハンバーグセットの値段）と、ほとんどお小遣い程度でしかない。もちろん、ハーフタイムで働く人はこの半分となる。しかし、個人のアパートに住めるだけの経済的保証は障害者年金や住宅手当としてあるので、日常の生活をするにおいてはなんら支障はない。

サビーナは、まだノーマライゼーションが浸透してない一九八〇年から大規模な知的障害者施設で働きはじめた。そのころは、二五人の入居者に対して、日勤が二人、夜勤がたったの一人という最悪な状況であったそうだ。住居人の年齢もさまざまで、幼児から八〇歳までの男女が混合で住んでいた。洋服も個人では選べず、与えられたジャージー服を制服代わりに着せ、食事の量もすべて施設側で決めたものを与えていた。施設に住む知的障害者のほうも主体的とはいえず、自分の意志をもたずすべて周囲からいわれる通りにしていた。また、週に二日間しかなかったシャワーの日は、二五人を二人がかりでベルトコンベアで運ぶように機械的に洗ったという。障害者のほうもそうしてシャワーをするのが当たり前のように育ってきているため、人前で裸になるということに対して何らの恥じらいも見せなかったそうだ。

サビーナにとっては、当時はまだ若く、しかも初めて勤めた職場で不思議に思うことはあってもそれを口にする勇気はなかったという。居間にある共同のテレビはスタッフがチャンネル権をもち、入居者はそれをただ見るしかなかった。部屋も、二人部屋、四人部屋となっており、個人の部屋はなかったそうだ。何事に対しても受身になる入居者の行動は、いわゆる「施設病」と呼ばれている。それほど、当時の施設は主体性や人権を無視した存在であった。

それが、ノーマライゼーションの普及によって施設の存在も改革されてきた。まず、スタッフはコミューン主催の講習会に交代で参加し、入居者の自立化を促す教育方法を教わった。自活するためには、独立して生活する術《すべ》を知らなければならない。そのためには、入居者だけでなくスタッフに対しても指導方法を再教育しなければならなかった。さらに、自分自身のことをより深く知る講習会にも参加した。価値観の自覚、心のなかにある障害者への偏見など、自分を知ることは相手を知ることに通じ、自分の要望は相手からの要望でもあるということを学んだ。自分が欲しくないことは他人にも強要しないという、ごく簡単なルールである。お互いがスムーズに生活するためには譲歩をしあい、相手も自分と同じく意志をもつ人間であるということを確認した。

施設のなかでの最初の変化は食事のときに現れた。それまでは、与えられていたサンドイッチを食べるだけだったのが、テーブルの上に何種類ものパンやバター、そしてチーズやハムも豊富に並べられて、入居者自らが自分で好きなサンドイッチをつくるように促された。これまでサンドイッチをつくったことのなかった入居者にとっては、すべてが一から覚えることばかりである。ある人は、それまでに与えられたことのあるチーズしか選ばなかった。

コーヒーを沸かす方法も、目印をつけるなどしてわかりやすく指導した。洋服も、自分で選べるように種類の豊富な店にスタッフと一緒に買いに行った。制服まがいのジャージは脱ぎ捨てられ、施設のなかでありながら一般家庭と変わらない服装になった。それまでスタッフ二人でフーフーいいながらしていた仕事が、日が経つにつれて楽になったという。教えれば教える分だけ、彼らは自立していったということだ。

一九九〇年の夏、初めての海外遠征をスタッフとともに入居者と計画した。これまでは、コミューンの施設であるサマーハウスに一週間だけ行けるということが最高の楽しみであった。「海外」という言葉は、テレビや一般の人から聞くことはあったが、実際には体験したことがなかったために実感としてわいてこなかったのだ。早速、みんなでフリーマーケットのときなどで寄付された中古品や回収してきた廃品を売ったり、自らが焼いたパンや乾燥させた花、木工でつくったクリスマスの飾りなどを売った。一年半ほどかかったが、当時にしては大金を貯めることができた。そして、バス一台を一〇日間チャーターしてオーストリアまで遠征したのだ。初めての海外旅行で、外国ではスウェーデン語が通用しないということを体験し、食事も違うし、景色も違うということを実感したようだ。楽しさを共有することができると互いの会話にも弾みが出てくる。オーストリアまでの遠征は、彼らの人生のなかでもっとも印象に残る出来事であったそうだ。

施設で働いていると楽しいこともあるが、悲しいこともある。サビーナが苦い思い出として語ってくれたのは、一人のダウン症の少女のことであった。その少女は、四歳のときに両親に連れられて施設に来た。まだまだ、障害者は施設に預けるのが普通であるという意識が根強く残っていたときのことである。そして、両親が帰ってその場に残された少女はそれから一言も発しなくなった。スタッフが促して、手取り足取りで指導するといわれるままに行動はしたが、泣くことも言葉を発することもなかった。

しかし、クリスマスになると不思議なことが起こった。その少女の両親が迎えに来て姿を見せると、言葉を発しなかったその少女が両親と普通に話をはじめたのだ。スタッフは驚いてしまった。それ以後、クリスマス、正月と、毎年彼女は両親のもとに帰っていったが、施設に戻るとやはり貝のように口を閉ざしたままだっだ。「スタッフがどんなにやさしく家族の一員のように接しても、スタッフが迎えに行くまで部屋のなかでじっとうずくまったまま口を開かなかった」と、サビーナはいう。想像をはるかに超えるほどの精神的ショックを彼女は受けていたのだろう。

施設内のセックス

かつて施設のなかでは老若男女が一緒という生活だったので、シャワーをするときなどに互いの裸を見てもさほど羞恥心を感じるわけでもなく、一般社会に存在しているモラルからするとかなりかけ離れた環境であった。

男女が一緒に生活していることから挨拶のハグ（抱擁）などのスキンシップも多く、恋愛感情が生まれても不思議ではない環境である。なかにはカップルも誕生した。しかし、「施設内でのセックスはご法度で、他愛もないキスぐらいまではスタッフも目をつぶっていたが、それ以上になるとすぐにやめさせ、各自の部屋に鍵はかけないまでも監禁状態にしていた」と、サビーナは語ってくれた。

恥じらいを知らない知的障害者にとっては、何度説明されても、なぜ自分が監禁されるのかがわからない。また当時は、監禁という古風なやり方でしか性を禁じ得なかったそうだ。もう少しセックスに対して知識があれば、別な方法があったかもしれない。

現在では、セックスに関しての講習が頻繁に開かれており、授産施設やグループホームなどの職員も多くの知識を得ることができるようになった。自慰行為を公衆の面前でも平気でするという人には、その行為を責めるのではなく、トイレとか自宅で人のいないときにするものだと教える。また、恋愛感情が生まれるのは人間として当然のことだからセックスをするのも自然なものとして受け入れ、その行為を禁止するのではなく、避妊をする方法を何度も何度も繰り返して説明している。

避妊方法も、新しい方法がどんどん開発されている。コンドームの使い方を説明しても、感情に流されて忘れてしまうのはもちろん、その使い方を覚えない人が多い。また、物忘れの多い知的障害者にとっては、一週間置きに張り替えるサロンパス風の貼り薬の「プラスター」や、毎日欠かさず飲む経口《けいこう》避妊薬の「ピル」などは苦手である。これらの人に便利なものとして、性行為をしたあとの避妊薬として「モーニングアフターピル」がスウェーデンの薬局で販売されている。これを性交後七二時間以内に飲めば、妊娠が防げるのだ。しかし、ピルを飲んだことさえも忘れている人は性行為をしたことも忘れており、そのことを周囲の者に告げることも忘れてしまうのでこの「モーニングアフターピル」も使いにくい。それ意外のゼリーやペッサリーなども、膣内挿入方法も自己処理ができないので安全ではない。比較的安全であるリングやスパイラルなどの子宮内避妊器具の使用が増えているが、出血量も多く副作用もあり、逆に知的障害者にとっては生理用パットを交換するのに支障をきたして難しい。

そこで、これらの代わりに最近では三ヵ月置きに注射で避妊薬を注入したり、あるいは三年間有効の、二の腕の内側に植え付けるマッチ棒ほどの避妊棒がよく利用されている。これらは、まだ日本では馴染みのない避妊方法ではあるが、知的障害者も忘れることもなく周囲の人も確認できるということで安心できる避妊方法とされている。安全性も高いため、知的障害者同士の恋愛感情にも寛容になれる。もちろん、両方とも本人の同意が必要であるし、これをすれば誰とでもセックスをしてよいということではない。エイズの感染も考えて、やはり慎重になることを説明しなければならない(1)。

なかには、性に対して異常な興味を示す人もいる。この人たちには、別な形での運動や文化サークル活動をすすめて、常に退屈しないように、また興味の対象がほかのものに移るように指導している。そのほかにもいろいろな性の問題にぶつかるが、まずその本人の知的能力を知り、精神年齢が何歳であるかを調べて、それと同じ年代のレベルで必要な事項を簡単に説明するのがいい。身体は二五歳でも知能が八歳程度であれば、いくら高度な説明をしても理解できるわけがないのである。ベテランの職員が培ってきた人生経験も、こういう場合には役に立つことになる。若くて、スタッフ自身にそれほどセックスの経験がない人に性生活に関して指導しろと要求することのほうが無理である。

(1)　毎日飲む「ピル」以外は、日本では認可されていない。一部、インターネットなどで入手が可能なものもあるが、副作用が生じた場合は自己責任となる。

では、知的障害者のセックスに関して、歴史的にスウェーデンではどのような観点から見てきたのだろうか。知的障害者を研究しているマルガレータ・ノードマン（Margareta Nordman）女史の著書『知的障害者のための社会的ケア（Utvecklingsstörning i socialt omsorgsarbete）』を開いてみると、一九五五年に刊行された百科事典（uppslagsboken）には、「知的障害者は社会性に欠け、暴力的で、性的にも信頼がおけない」と書かれてある。「両手は掛け布団の上に置いて寝る」という言葉が標語にもなったように、古いスウェーデン映画などを観ると、孤児院などの施設で夜中に巡回して見回る番人が、子どもの両手が布団の上に出ているかどうかをチェックしている風景も出てくるほどだ。つまり、布団の上に両手を置くということは、隠れて自慰行為をしていないという証拠になる。

かつては、知的障害者は医療委員会の許可なしには結婚もできなかった。とくに、遺伝的に健康で完璧な子孫を残そうという優生学思想が強かった社会のもとでは、当然として知的障害者の強制不妊が問題となり、一九三四年には法律で強制不妊法が定められてしまった。特別学校を卒業すると同時に、二人の医者の判断と同意だけで、本人の意志とは無関係に不妊手術が施行されたのである。これは女性だけでなく、性行為の自制がきかない男性に対しては去勢手術が施された。人権を無視した行為であることはいうまでもない。大きな施設にかき集められた知的障害者たちに個室などはなく、集団で行動をして、周囲が決めた規制のもとに日常の生活を強いられ、個人という存在がまったく確立されなかった時代である。そして、一九五〇年代になるとこの強制不妊手術に対して世論の関心が高まったが、法律に定められた通り不妊手術は続けられた。

この法律はスウェーデンだけのものかといえばそうではなく、多くの国でこのような手術が行われていた。日本でさえ優生学思想を基本にした優生保護法が一九四八年に制定されてから一九九六年まであり（一九九六年に改正され、母体保護法となる）、断種《だんしゅ》手術は法的条項に守られて強制的に障害者の子宮摘出手術までもしていた。しかし、自分の国のことは棚に上げて、福祉推進国であるスウェーデンに対しては風あたりが強く、人権を無視した事実を大きく問題視したことがある。

一九九七年の夏、スウェーデンの朝刊紙〈Dagennsnyheter〉に、強制的な不妊手術がいかに広範囲にわたって施行されていたかを告発する記事が掲載されて世界的に知られることになった。世界をリードする高福祉のスウェーデンにとって、これは恥辱《ちじょく》な出来事である。福祉の裏側をまるで暴露されたような感があったが、実際は、この強制不妊政策をスウェーデン側は何も秘密にしていたわけではなかった。法律は公的なものであり、誰もが知る事実であった。ただ、単に埃をかぶって古くなっていた法律であったし、福祉を研究するにあたって、それに触れた人がこれまでにいなかっただけである。とにかく、この新聞が理由でテレビなどのメディアに取り上げられて人権の侵害として大きく報道された。

スウェーデンは、国内からも世界的に批判されたのをきっかけとして特別調査委員会を設立し、そういう過去の過ちを悔い改めて被害者に対しては謝罪し、誠意をもって補償金額を支払うことを約束して法律をつくり直した。一九六八年には「知的障害者援護法（omsorgslagen）」が成立し、一九七六年には強制不妊の条項は永遠に削除された。以後、ノーマライゼーションの普及にともなって、個人の権利を保護する機能が国家的にも社会的にも浸透してきたといえる。

サテライト形式

ノーマライゼーションで巨大収容施設は閉鎖されて、一人で生活できそうな軽度の知的障害者は先に述べたサテライト形式のアパートに移り、グループホームも施設のときとは違った少人数の家庭的なホームとして設立された。サテライト形式のアパートのなかは一般のものと同様に、すべてが個人のものとしてシステムキッチンやバスルームなどが整備されている。冷蔵庫の中身も洋服も、そして時間も自由に選択することができるのだ。つまり、余暇の時間に趣味を楽しんだりテレビを観ることも個人で決められるようになったのだ。

そして、グループホームのなかも個人の人権が尊重されるようになり、個人部屋が確保された。知的障害者が家族から独立する場合やグループホームからサテライト形式のアパートへ引っ越しをする場合には、スタッフと本人と家族で、どの形態が彼らにとって一番適しているかを検討するミーティングの機会がもたれている。本人の意志を優先しているが、もし独立した生活を試してみた結果、後悔するようであればグループホームに戻ることも可能となっている。

グループホームの個室

グループホームの居間

しかし、コミューンが提供するアパートは空きがなく、入居が非常に難しいものである。普通の高校を卒業した一般の人においても不足している状況のため、知的障害者全国連合会（FUB）はコミューンに対してアパートの建設を促進するよう交渉しているが、財政状況の好ましくない現在のコミューンではなかなか納得できるだけの結論を見いだせないでいる。ノーマライゼーション化にも、長い時間が必要なようである。

サビーナは、集団入所施設が閉鎖されるにともなってデイセンターに勤めはじめた。そして、五年前からハビリテーリングセンターにあるカフェで働いている。「ここの仕事は責任重大で、経営のための事務という面倒な仕事もすべてしなくてはならないが、フリーであり、知的障害者の人ともグループという連帯感が芽生えて、仕事自体も楽しいしやりがいがある」と、サビーナはいう。

施設の閉鎖をどう思ったかと尋ねると、即座に「最高ですよ！」と答えた。当時を思い起こして、あのころは自分もあの施設には住みたいとは思わなかったけれど、今のサテライト形式ならば安心して住めるという。常に受け身であった入居者が自由に生活できるその経過をつぶさに見てきた彼女にとって、これ以上の改革はないと自身をもっていい切った。そして、最終的に残った養護施設も、ひと昔前の収容施設特有の厳格な規律があったり人権を無視したものではなく、ノーマルな生活が営まれたものであった。

マルメの一角にあった「ピールエンゲン（Pilängen）」という集団収容施設は、いくつもの長い平屋の建物に分かれていて、そこに、各個人の部屋や医院、歯科医院、体育館、売店、作業所などがあった。つまり、ここだけで一つの隔離された社会が成立していたのだ。ここに、ある女性職員が働いていた。そして、ピールエンゲンが閉鎖されるときに受け持ちの知的障害者とともにグループホームに職場を変えた。

彼女の話では、「ピールエンゲンはよかった」という。施設内であれば、重度まではいかないが、かなり知能程度の遅れている人でも安心して一人で総合作業所まで行かせることができた。園内には専門の医者もいたし看護師もいたから、何かがあってもすぐに彼らに相談することができたし、一人で医者のところまで通わせることもできた。自立という観点から考えれば、ある程度規制のある園内生活のほうがかえって彼らにとっては自由であり、また安心できる場所ではなかったかというのだ。

園外の厳しい社会生活のなかではとかく孤立してしまう彼らを、園という安心できる囲いのなかで援護することも一つのケアの方法ではないかともいう。現在、地域に住む知的障害者たちは、何か活動をするたびにアシスタントが必要になっているし、活動したくてもアシスタントがいない場合はできない状態となっている。そうなると、ノーマライゼーションの意味もなく、人件費の軽減にもつながらない。もちろん、軽度の知的障害者にとっては、地域のなかで一般の人とともに生活することは社会的刺激があって成長するのにはよい環境だという。そんな彼女は、「ノーマライゼーションも、基本的にはケースバイケースでよかったのに」と締めくくった。

カフェで働くボッセ

カフェで働きはじめたボッセも、長年の施設住まいから脱出して今は自活をしている。私の顔を見ると、「へい、マイフレンド!!」を連発する。ボッセは、他人との精神的距離感がわからない五四歳の、口ひげをたくわえているいい「おっさん」である。しかし、幼児と同じように喜び、身体全体を使ってその喜びを表現してくる。誰にでもすぐに声をかけ、やさしく返答されると無邪気に喜ぶ。私の顔を見ると、すぐにでも抱擁して、チューでもしかねない勢いで喜んでくれる。この勢いが強すぎると、サビーナの一喝が飛んでくる。

「ボッセ、やめなさい！　言葉の挨拶だけで充分よ」

ボッセは両腕を宙に浮かせたまま、Uターンして掃除を続ける。喜びという表現が、ある一線を越えてしまって制御できないのだ。叱られても、サビーナと私が話しているとそばに来ては会話に介入してくる。まるっきり、幼児と同じ程度の知的能力しかない。ボッセは、六歳のころからいわゆる旧式の大規模の入所施設で暮らしてきた。その彼が、今ではサテライト形式のアパートで独り暮らしをしている。先ほども記したように、ひと昔前では考えられないことである。

朝、スタッフの電話で起きて、朝食の用意を自らして移送タクシーでカフェに来る。毎日ではなく、一日おきの出勤となっている。仕事もほかの人よりは一時間短く、午後二時半に終わって同じく移送タクシーでアパートに戻る。自らの年金から一部の費用を支払うだけで、コミューンが契約している移送タクシーをいくらでも利用できるようにしている。

彼は、毎日のように母親に電話をかけている。いまだに母親との接触があるのは珍しいが、施設に入居したときから母親とは定期的に会っていたようだ。独立してからは毎日電話をするようになり、週末には母親もボッセを訪れて親子の交流が自然に行われている。そして、火曜日は民謡ダンス、水曜日の夕方は知的障害者全国連合会（ＦＵＢ）がアレンジする音楽サークルへ、そして週末にはビンゴゲームの会場へと毎週通っている。「リズムのある民謡ダンスが楽しい」と、ボッセは笑顔で話してくれた。

こうした成人の知的障害者には、必ず「コンタクトパーソン」というサポーターがついている。このコンタクトパーソンを得る条件は、知的障害者と診断されてＬＳＳ法で保護されている人である。そして、本人や後見人がコンタクトパーソンが必要であると認められた場合である。もし、恵まれた生活環境があり、知的障害者の生活が充分に満たされている場合には当然つかない。

ボッセ

主な目的は、知的障害者の孤立を防ぐことで、一緒に映画を観たり、喫茶店でお喋りをしたりと、いわゆる友達でありよき相談相手ともなるのだ。コンタクトパーソンが必要になればコミューンの社会福祉課にその旨を申請すればよいし、コンタクトパーソンを指名することもできる。多くの場合、知的障害者の身近にいる人のなかから選ばれている。

一般のグループホームなどでは、入居者のアシスタントたちが身近な世話の一環として家計の管理をしており、入居者の希望に沿って家具などの必需品を購入しているが、もちろん細かく家計簿をつけてそれぞれの後見人（**コラム**参照）に定期的に見せている。それぞれのアシスタントたちが家族同然に入居者を連れて買い物をしたり、街の行事に参加して一緒にアイスクリームを食べたりしている光景を街なかでよく見かけるわけだが、これは一般の人が普通に行っている活動がすみやかにできるようにアシスタントがサポートをしているからだ。

後見人の登録は地方裁判所によって行われ、厳重な調査によって選出されている。そして、この後見人の権限が濫用されないように監督するのが監督官で、コミューンには必ず専任の監督官がいる。コミューンによっては、監督業務を数人で行うように委員会を設けているところもある。いずれにしろ、これらの制度でもって知的障害者の生活が守られているわけだ。

コラム　後見人

スウェーデンには３種類の後見人制度がある。後見人とは、主に財産管理や福祉サービスの契約などを代行する人のことで、判断能力の衰えた高齢者や日常生活を送るにおいて不充分な機能しかもちえない知的障害者や精神障害者を保護する目的で設立された制度である。本人の権利を保護し、経済的な管理や生活面での管理をすることを目的としている。重要なのは、人権の尊厳を重視して、福祉サービスの権利を本人に代わって主張することである。また、むやみやたらに買い物をしないように注意したり、悪質な詐欺や通販などから彼らを守ることも重要な役目となっている。そして、安全かつ刺激的なライフワークが整備および確保されることも人間として必要となる。以下で、この三つの後見人制度を説明する。

後見人（Förmyndare）　何らかの理由で両親がいない18歳以下の未成年の世話をする。これができる人は、親族、家族、親権をもつ人、同居人（同棲者など）のほか、社会的にも後見人としてコミューンに登記されている人たちである。また、子どもも16歳を超えると、自ら後見人から自立することを訴えることができる。

補佐人（Godman）　精神的あるいは身体的弱者で、経済管理、生活管理機能が欠如している場合の後見人。日常生活に必要な雑用に関しては本人の確認なしに代行することができるが、重要な福祉サービスや経済管理においては、個人の自己決定権を尊重し、本人の承諾を得て初めて代理として管理できる。

管理人（Förvaltare）　本人の判断能力が皆無な場合に、本人の承諾を得ないですべての管理を代行できる。ちなみに、判断能力などの診断調査は「監督官（överförmyndare）」の指示のもとに行われている。

カフェで働くブリットマリー

四〇歳の誕生日を迎えた彼女は、ハビリテーリングセンターですれ違うみんなに対して元気に声をかけてくる女性で、コミュニケーションも充分に成り立つことから特別にインタビューを申し込んだ。ところが、「インタビュー」という言葉に緊張したのか、なかなかよい返事がもらえなかった。普段は何でも気軽にお喋りするのに、恥じらいとか照れといった何か特別な感情をもって不安に思ったらしい。

「ただ、いつものようにお喋りするだけでいいのよ」と、軽い気持ちで尋ねた私も彼女の反応に少々困惑してしまった。どうやら彼女は、なぜ自分がインタビューの相手に選ばれたのかが不思議でしょうがないらしい。

「あなたは、私が質問してもちゃんと答えてくれるでしょう！　だからあなたにしたのよ」と説明したりしたが、実際にインタビューにこぎつけるまでに一ヵ月ほどの期間を必要とした。とはいえ、不安と同時に期待感もあるらしく、選ばれた嬉しさを隠し切れないという表情も見せてくれた。

普通にお喋りをしながらそれとなく聞き出したいことを私が尋ねてもよいのだが、できるなら、彼女には面と向かって落ち着いて話をしてもらいたかった。なかなか踏ん切りがつかないらしく、仕事でカフェの前を私が通るたびに興味深げに何かと話しかけてきた。それで、彼女のコンタクトパーソン（一五六ページにて詳述）をしている同僚に事情を説明して、一緒に参加してもらうことにした。コンタクトパーソンも一緒だと伝えると安心したのか、コーヒーに添えるお茶菓子にまで注文をつけていたずらっぽく笑った。そして、本で紹介するのに写真が必要だというと、当日、自分のアルバムから数枚を剥がして持ってきてくれた。その写真は、数年前のよく太っていたころの写真で、夏休みの際にカナリア諸島へ行ったときのものだった。

「これを、私が出版する本で使ってもいいの？」と尋ねると、「いいよ！」と気持ちのよい返事をもらった。しかし、今のブリットマリーは少しスマートになっている。頭は丸坊主で変わりはないが、現在と比べると少々違いすぎた。

「最近の写真はないの？」と尋ねると、「もっといいのを撮る？」と嬉しそうに言葉を返してきた。

インタビューは、コーヒーとアイスクリームではじまった。そのコーヒーは、砂糖もミルクも入れないブラックで飲んでいた。

「生まれたときはデブで大きかった！　ワッハッハー」と大笑いをしながら教えてくれる。

ブリットマリー

子どものころのことはよく覚えてないようだ。両親と妹との三人家族だった。両親は離婚して、父親方にもう一人の妹がいる。その父親は、数年前に亡くなっているそうだ。

「何か、学校のこととか覚えていない?」と尋ねると、大きな目で天井を睨むようにしてしばらく考えてから、吹き出すように笑った。

「一回、学校をサボったことがあったけど、あのときは大変だったわ。先生が家まで来て……ネグリジェのまま私が出ていったら、先生が『どうしたんだ?』って聞くから『病気だった』って答えたわ。アッハハ! 『明日は来い』っていうから『はい、行きます』って答えた」

まるで皆勤賞をもらえるくらい、彼女は毎日ちゃんと特別学校に通っていた。残念ながら、皆勤賞などという賞はこのスウェーデンにはない。子どもが風邪などで熱が出ると、必ず病気休みをさせるというのが親の義務だからだ。子どもの介護のために国は介護援助を設けており、職場での病欠を公なものにしている(**コラム**参照)。

コラム **病欠制度**

自分自身が病気のために仕事を休む場合、第1日目を除いて給料の80パーセントが出る制度。1週間を過ぎる長期休みの場合は、医者の証明書がいる。

子どもが病気の場合は、育児休暇の一環として子どもの年齢別に収入の80パーセントが補償制度としてある。子どもが12歳を過ぎて16歳未満であれば、そして介護の必要性が通常より高ければ医者の証明書によって同じように収入は補償されている。

「その先生のね、椅子の座布団に画鋲《がびょう》をチューインガムで貼り付けておいたの。そしたら、その先生が座った途端飛び上がって……アッハハ、面白かった」

「ずいぶん、いたずらが好きだったのね」

「そう、先生の頭に洗剤をつけたり、体育の先生をスパイしたりして、楽しかった！」

「何歳ごろの話なの？」

「一六歳くらいかな、あんまりいたずらをするから、四四週間学校へ行かなければならないところ、私は一ヵ月も短く終了できたわ」

いたずらを思い出してか、面白いとばかりに笑って話してくれる。

「学校を卒業してからはどうしていたの？」

「環境管理局で職員のコーヒーをつくったり、毎週水曜日にはチーズやパンを買いに行ったりしていた。エバという人と作業所に移るまで、そこで一緒に働いていたわ……それがね、そこを辞めてからある日突然電話がかかってきて、出てみると管理局の人で、その人が『今、座ってる？』っていうから『いや、立ってる』って答えたら『座りなさい』っていわれて、それでも『立ってる』というと、『ちゃんと座りなさい』って怒られて、それで『座った』というと、エバが死んだって教えてくれた」

エバとは仲が良かったのか、ちょっと寂しそうな表情になった。プライベートでも付き合っていたのかと聞くと、そうではなく、職場だけの仲間だったようだ。

「二六歳のときにもう家に住みたくなくなって、一人でアパートに住むようになった」

「なぜ、家に住みたくなかったの？」

「うーん、何となく嫌になった」

　お父さんが自活するのには反対したそうだが、彼女の決心は固くて、結局引っ越しをした。両親とともにいるのがわずらわしかったらしい。福祉関係の人に手伝ってもらって初めはグループホームに住んでいたが、そこも門限があったりして好きなようにさせてくれないからと独立をした。現在では、サテライト形式のアパートの２ＤＫで、六二平方メートルの広さのところに一人で住んでいる。グループホームがすぐそばにあって、彼女のアパートから一〇メートルほどしか離れていない。

　まだ、彼女が若いころ、知的障害者全国連合会（ＦＵＢ）が主催するダンスパーティに行くのが大好きで、そこでミカエルという男性に出会った。そして、恋愛関係に発展するまでにはたいした時間もかからず、そのまま同棲をしたそうだ。前述したように、スウェーデンで同棲といっても、誰しもがしている日常茶飯事の出来事で珍しくもない。だから、ブリットマリーが恋愛をして同棲をはじめたからといって何の不思議もないのである。

「彼は、私と違ってノーマルだから……」と、強調した。

　二人が生活をはじめたときも、彼女は経済管理をしている後見人から一週間の食費をもらっていたが、その食費を記念の婚約指輪に使ってしまった。そのために食料が買えなくて、再び食費をせがんだという。しかし、後見人は婚約指輪を無駄な出費だとして彼女を叱り、食費は出さないといったそうだ。これに逆上したブリットマリーは、彼女を殴ってしまったという。目の縁が青あざになったといって話すときも笑っていたから、後悔をしていないのだろう。お金を出さなかったほうが悪い、というのだ。恋愛の末の指輪という象徴を無駄なものだと判断した後見人にも非はあるだろう。しかし、殴ったことを笑っているブリットマリーに少しの良心の呵責も感じられないのも問題である。ひょっとしたら、状況判断の認知力が欠けているのかもしれない。とにかく、それが理由で新しい後見人に代わったようだ。

同棲は三年間も続いた。そのときの想い出はないかと尋ねると、ちょっと上を向いて考えてから「ない」という。二人の生活は福祉援助から成り立っていた生活で、働くこともせず、過度の飲酒も含んでの自堕落な生活が続いたそうだ。そして、彼女は不妊のための注射をいつも受けていた。子どもはつくらないというのが前提としての同棲だったらしい。二人はその代わりに犬を飼ったそうだが、ある日、彼は飼いはじめた犬を逆上してナイフで刺し殺してしまったという。話が前後してよくわからないのだが、二人の関係が決して良いものではなかったことだけはわかる。破局は、彼がほかの人を好きになって迎えたという。

「そんな動物を虐待するような人はノーマルじゃないわ！」と私が驚いていうと、「でしょ、私もそう思う」と同調して「クックック」と笑っている。

その後は一人でずっと生活していて、今ではすっかり安定した日々を送っている。次に、ブリットマリーの一週間がどのようなものかをインタビューを交じえながら紹介しよう。

月曜日　八時起床。彼女は糖尿病のため、毎週二回の検査測定のためにグループホームからスタッフがやって来る。簡単な血液検査を終えると、シャワーを浴びてから朝食をとる。朝食のメニューは、ヨーグルトにムスリ、固パンにチーズ、そしてミルクである。すべて一人でこなしている。

朝食が終わると、市内循環バスに乗ってカフェまで通勤する。カフェに到着すると、まずは濃い目のコーヒーをブラックで飲む。これを飲まないと目が覚めないという。お客さんに提供するランチはサラダビュッフェであるため、野菜を刻んだり混ぜたり、ドレッシングをつくったりと、指導者であるサビーナの指示のもとに働いている。彼女の動作は非常にゆっくりである。

昼食はカフェで客と同じように食べ、午後のコーヒータイムとミーティングを終えると一五時半には帰宅する。

夕食は、午後四時半にグループホームで食べる。グループホームには利用者が七人いて、スタッフとともに食事をするのでいつも賑やかである。もちろん、夕食後のコーヒーは欠かせないものである。

その後は、みんなと一緒にテレビを観たりゲームをしたりと、団欒のひとときを過ごす。

ときには、スタッフが入居者とともに選んだ本を読み上げたりもする。おおよそ八時ごろには自宅に戻り、テレビを観たり、好きな写真の整理をしたりして寝るそうだ。

火曜日　八時起床。糖尿病の検査はないので、シャワーを浴びて朝食。すぐにカフェまでバスで通勤する。月曜日と変わらない一日。

水曜日　八時起床。シャワーを浴びて朝食。カフェで勤務。グループホームで夕食。夕食後、六週間おきにグループホームでミーティングがある。このミーティングでは、ブリットマリーは書記をしている。そこで決定したことを記録する役目である。

「書記の仕事は、きちんと決まったことを書いて残すこと。そして、そこで決められたことは必ずやり遂げること。やり遂げなければミーティングの意味がない」

まるで誰かに教わったフレーズのようにスラスラといった。どのようなことを話し合うのか尋ねてみた。

「いろんなこと。クリスマスはどのように祝うかとか、ミッドサマーはどうするかとか……いろいろ計画するの」

このミーティングは、グループホームでの予定をみんなと話し合って決める場らしい。スタッフが権限を振りかざして決めるのではなく、みんなで話し合う機会をこのように設けているのである。ミーティングでは予定される行事だけを決めているのかと尋ねると、ほかのことも話し合っているという。

「私が怒ると、すぐにみんなとケンカになるの」

「本当!? 想像できない」

「ええっ? 見たことないの? 朝はいつも疲れてるし、機嫌が悪いのよ……」

「そういえば、たしかに朝はむっつりとしていることが多いみたいね」

「昼間ぐらいから元気になる」

「へえ、じゃあそういうことも話し合うのね。どうすればいいとか」

「うん」

どうやら、糖尿病が理由で、血糖値が下がると機嫌が悪くなるらしい。自宅で就寝。

木曜日 八時起床。血液検査のためにスタッフがやって来る。シャワー、そして朝食。カフェ勤務。グループホームで夕食。この日は、夕方にカフェで行われた集会に出掛ける。カフェで働いている人たちが集まって、ここで憩いのひとときを共有するのだ。ここには、ハビリテーリングセンター以外のカフェで働いている人たちも集まってくる。

金曜日 八時起床。シャワー。朝食。カフェ勤務。金曜日は早めにカフェを閉めるので午後四時には帰宅。ブリットマリーは、毎週金曜日の午後は母親のところへ行っている。

土曜日 休みの土曜日でも、朝は必ず八時に起床。シャワーを済ませると、グループホームでみんなと朝食を食べる。土曜日なので、ちょっと豪華な朝食。卵やハム、トーストなどを好きなだけ食べられる。それから一人でデパートに行って買い物をしたり、近くの森林公園まで散歩に行く。買い物をするのは楽しいという。自分で服も選ぶし、自分の身体のサイズも知っている。普段着にロングのスカートをはいていることが多いことからして、結構オシャレである。

土曜日は、当番制で夕食をつくるそうだ。そのための材料の買い物をし、料理はスタッフと一緒にする。ブリットマリーは魚料理が好きらしい。

「魚は栄養があるし美味しいから」と、得意げにいう。

日曜日

一週間のうちで一番つまらない日だという。

「なぜ、つまらないと思うの？」

「……面白くないから」

「どうして面白くないの？」

「することがない」

「ああ、お店も休みだし、人も少ないから？」というと、「うん」と頷いた。

日曜日もグループホームで朝食をとって夕食もともに食べるのだが、やはり時間をもて余してしまうらしい。あるラジオ番組で、司会者が電話番号の最後の数字をいって、それが当たると自分の好きな曲をリクエストしてもいいという音楽番組があってその会員になっているが、めったに自分の番号をいってくれないので「つまらない」という。

先にも述べたように、このブリットマリーにもコンパクトパーソンがついている。コンタクトパーソンとは、一ヵ月八時間の契約で結ばれている、いってみれば友人代理である。給金は四〇〇クローネで、それに活動資金（映画・ボーリング・その他）として三〇〇クローネが支給されている（合計約一万円）。八時間をどのように利用するかは、障害者本人の要望を聞いて相談して決める。ブリットマリーがコンタクトパーソンに私の同僚を選んだのは、このカフェで彼女とよく話をしていたからで、本人から彼女に依頼したそうだ。同僚は子どももいない若い人で、喜んで彼女のコンタクトパーソンを引き受けたという。

放浪癖のあるウルフ（仮名）

今はもうこのカフェにいないが、ウルフはアルコール依存症で、グループホームに入居しているとはいうもののほとんどホームレスのような生活をしていた。公園やビーチのホームレスたちと交流があり、どこから仕入れてくるのか、お酒を飲んでは数日間消息不明になる。何度リハビリをしても、すぐにアルコール依存症に舞い戻ってしまう。

スウェーデンという福祉先進国で、なぜホームレスがいるのかと不思議に思われるであろう。前述したような素晴らしいノーマライゼーションの改革がなされた国にも、裏の面があることをここに少し述べておく。

精神障害者を永久病棟から無理やり地域に戻した一九八〇年代後半ごろから、街にホームレスが溢れてきた。ノーマライゼーションが原因でそうなったのか、ほかの国と同様に財政困難な行政の結果からそうなったのか、それとも移民政策や失業対策の失敗からそうなったのか、専門家でない私にはわからない。しかし、ホームレスが増加し、にわかにマスメディアで脚光を浴びはじめたのがこのころだと記憶している。

大規模の入所施設を解体した当時は、精神障害者を受け入れる地域からの反対がかなりあった。批判の大半は、精神障害という未知なるものに接したとき、どう対処してよいのかがわからないという不安と恐怖心であった。精神障害という言葉から異常行動を想像するために、犯罪につながるのではないかと地域の人たちは心配したわけである。一方、行政は、これらの批判材料を緻密に調査し、還元方法もかなり寛容な受け入れ制度のもとに実現したものの精神病棟を閉鎖させるのが先決となって、二〇年、三〇年と隔離されていたそれぞれの人々のニーズまでは考慮することができなかった。結果的には、ほとんど強制的かつ早急に入所施設を解体し、地域のアパートへと移動させてしまったのである。

当時のニュースや新聞記事を今でも覚えているが、まだ受け入れ体制の整っていない社会生活に戻された精神障害者たちはアパートの一室に引きこもり、日常生活に必要不可欠な最小限の作業である食事やトイレなどにおいて自立のできないまま、無気力、無能の生活を強いられてしまった。彼らの母親に付き添われてその実態を取材した新聞記者は、汚物にまみれ、散らかり放題のアパートの写真を報道し、ノーマライゼーションの有無を問うていた。近隣の人は、アパートから放たれる異臭を非難し、建物の売買価値に影響することを嘆いたり犯罪がからんでくるのを恐れていた。

これが日本ならば、家族がなぜ面倒を見ないのだろうと不思議に思うところだろう。しかし、子どもがいったん独立をしている場合は個人の問題と見なされるのがスウェーデンなのだ。個人の問題、すなわち社会の責任でもある。日本では、子どもが成人したあとでもすべての行動の責任をとかく家族が負わされる。個人というもののとらえ方、またその認識は、スウェーデンと日本では非常に大きな差があるようだ。

スウェーデンでは、この問題に対して国やコミューンが対応し、受け入れ体制の改善に全力を注いできた。たとえば、市民に対する意識改革、ヘルパーやアシスタントの養成、受け入れ体制の組織化、そして個人のニーズに合わせた豊富な形態のホームの提供である。受け入れのアパートやホーム自体も、公共施設ということもあって国やコミューンからの指示や援助があれば簡単に造ることができた。コミューンが経営している普通のアパートだから、二つのアパートを一つに改造してグループホームにしたり、日中の活動ができるデイセンターにしたりすることはいとも簡単なことであったし、新築するよりもはるかに安上がりであった。公共の施設を有効に利用しようとする姿勢は、スウェーデンのさまざまな政策のなかでも見習いたい部分である。

現在では、援助の必要な人たちは公共の援助を受け入れ、ケアシステムのなかで一般の人と変わりない生活を送っている。しかし、私の目の前にはまだホームレスがいる。知っているかぎりでは、家庭内における精神的なトラブル、アルコール中毒、ドラッグ中毒などが理由で社会に溶け込めない非社会的な人が多い。そして、これから紹介するウルフのように自らホームレスになる知的障害者もいる。コミューンがいろいろな援助の手を差し伸べてもその援助を拒み続けているホームレスたちの非社会的行動は、今後のノーマライゼーションの課題になるかもしれない。

ホームレスには、彼らなりのルールや仲間意識があるそうだ。コミューンはその対応策として、氷点下の続く寒くて暗い冬を過ごすためのプレハブも急遽建設したほど援助の手を差し伸べている。プレハブとはいえ素晴らしいアパート形式の家を造って、ホームレスの人々に入居するようにすすめた。しかし、入居するためにはアルコール中毒やドラックから断絶し、仕事をすることなどの条件がついたために誰も入ろうとしなかった。仮に入居しても、越冬することだけが目的で春になると元の木阿弥である。ホームレスの人たちは、自然のなかで誰にも邪魔されずに生きていくことを誇りとしているボヘミアンのようにさえ思えてくる。

王立公園のなかを流れる運河に古い橋がある。その橋の下に、数年前から住み着いたヨハンというホームレスがいる。彼は、気分のよいときには素晴らしい歌声を披露し、前を通過する人たちが思わず聴き惚れるくらいだ。この歌の歌詞は、現政策に対する批判を込めて挑発している内容だと彼はいう。心を込めて社会批判の歌を唄うことによってやるせない憤怒を解消しているという彼は、マルメでは名物の男性である。

その彼と、私は犬の散歩のときに話をすることがある。犬もなついていて、橋を渡るだけでヨハンのほうへとじゃれていく。夏の天気のよい日など、日光浴のために多くの市民が公園を訪れる。そのことについて彼に聞くと、「いや、もう人が増えるのは嫌いだ。見てくれよ！　俺のバルコニーなんざ、人で埋まってしまって賑やかすぎてたまらん」と、真っ黒に汚れた顔を崩して笑いながらバルコニーを指さしている。ちなみに、バルコニーとはこの橋のことである。

「真冬、誰一人いないのは静かでいいぞー」

日照時間がわずか五、六時間と短く、雪が降って氷点下の続く冷たい冬、人の来ないそんな冬がいいと彼はいう。真っ白で森閑とする公園もいいだろうが、私には寒さが耐えられない。彼は、社会構造のなかの一員として生きていく自分が嫌だといっているが、自然を謳歌している今の生活はまんざらでもない様子である。

余談になるが、私が日本で夏休みを過ごすために帰国した折に、日本から絵はがきを送ってくれと彼に頼まれたことがある。「若いころは、日本にも船乗りとして行った」と話していたのを思い出し、絵はがきを出すことを約束した。しかし、住所不定なのにいったいどのように住所を書けばいいのだろうかと迷っていると、「王立公園の橋の下に住むヨハンへ」でいいだろうという。そして、その通りに絵はがきを書いて送った。夏休みが終わって帰国をしてから再び犬の散歩がてらヨハンを訪ねると、ニコニコして絵はがきを受け取ったことを話してくれた。夏休みということで郵便配達も代理の人がしている場合が多いが、どうやら親切な人だったらしい。何となく、嬉しくなるエピソードだ。

その彼も、コミューンが行うホームレス一掃計画の強制移動でいなくなるそうだ。しかし、彼のことだから、またいずれ戻ってくるだろうと私は確信している。

さて、ウルフのことだが、仕事としてはカフェで掃除を担当しており、黙々と働いている。フルタイムで働くと仲間に会えないため、ハーフタイムの契約となっている。

ある日、またいなくなったので、ホームレスが集まる界隈をスタッフが探し歩いたが見つからなかった。一週間しても戻らなかったので、グループホームのスタッフは警察に捜索願いを出した。警察からはすぐに連絡が来た。当の本人は呑気なもので、デンマーク王子の結婚式を見学しに行っていたという。

マルメからオーレスンド大橋を電車で渡れば、三〇分ぐらいでデンマークの首都コペンハーゲンに着く。メインストリートを王子と王女が馬車に乗って通過するその一瞬を見るために、一番前の場所を陣取って小雨の降るなかを何時間も待っていたのだ。パレードも無事に終わって大喜びで帰ろうとして電車に乗ったのはいいが、切符など持っているわけがない。この電車は切符の検査をしない場合があるので、運がよければタダでデンマークまで往復ができる。しかし、ときどき抜き打ちの検査があるので、普通はちゃんと切符を買って乗るものなのだ。案の定、ウルフは帰りの電車で車掌に見つかり、途中で電車を降ろされてそのまま警察に引き渡された。

隣国で言葉が似ているとはいえ、やはり外国語同士ではわからないことが多い。ましてや、見かけは健常者と変わりないが知的障害のあるウルフである。当然、警察で何を聞かれても返答ができなかった。やっとスウェーデン語の通訳が現れて、スウェーデンの警察と連絡をとったところ捜索願いが出ていたのでウルフだとわかって強制送還された。彼の、ささやかな冒険旅行であった。

サビーナは、ウルフが人並み外れたユーモアの持ち主だという。彼のいうことがとてつもなくおかしく、お腹を抱えて笑うことがあると話してくれた。カフェを訪れても、口数の少ない彼と私は滅多に話をしない。黙って床の掃除をしている姿か、建物内が禁煙のためにタバコをくわえて外に佇んでいる姿を見かけて「おはよう」と声をかけても、はにかんで顎《あご》をしゃくって頷くだけである。どうやら、毎日一緒にいるサビーナとだけは安心して話ができるようである。その彼も、サビーナがカフェを移動してからは姿を見かけなくなった。

第4章

豊富な授産施設
(仕事をする作業所)

知的障害をもつ子どもは「特別学校」という枠に守られているわけだが、成人した知的障害者の場合は社会に出てからどうなるのだろうか。一八歳を法的に成人と見なす社会では、一般の人は親から離れて自活をはじめる。知的障害をもっていてもこれは変わりない。よって、彼らもやがては自分にあった自活方法を探してゆくことになる。この国では、前章でも紹介したサテライト形式、グループホーム、個人のアパートなどを利用することで自活できる仕組みになっている。そしてそこには、前述したカフェのように、一つの仕事先として授産施設が重要な役目を果たすことになる。本章では、スウェーデンにある面白い授産施設とその活動を紹介したい。

授産施設にもいろいろあって、デイセンター、デイケアセンター、工房所、サービスセンターと、日本での訳語もさまざまとなっている。ここで紹介するところは、知的障害者が毎日通勤して仕事をこなしている職場である。いわゆる日本でいう「作業所」で、日本と違うのは一ヵ所で行っている活動が一種類だということである。ただ、その作業内容は日本とたいして変わらない。

もう一つ、日本と異なるところがある。そのすべてがコミューン経営となっており、その場で働く人々の特性や個性が発揮されて、それぞれ特色のあるデイセンターを形成していることである。そして、マルメに住んでいる成人の知的障害者の場合は、可能なかぎり自分にあったデイセンターが選べるようになっている。もし、職場の活動が自分に合わないとわかったり、何らかの問題が出た場合などは、移動希望を後見人やコンタクトパーソンと相談してコミューンに提出することができる。コミューンは、希望の場所に空きがあるかどうか、そこが希望者にあっているかどうかを調査して、まずは実習期間を設けることになる。その実習期間中にその人の希望と職場での条件が合致すれば、そのまま残ることになる。

カフェのところでも記したが、コミューン管轄の授産施設の指導者たちも定期的に会合をもち、お互いに情報交換をしている。指導者は、コミューンから指定されている条件内でさえあれば利用者の特徴を生かして新しいことに挑戦してゆくこともできるので、なかなかやりがいのある職場ともいえる。日本では知的障害者をもつ親の会が発足させたパン焼き作業所や工芸作業所などがあるが、スウェーデンの場合、これらすべての作業所が公共予算で運営されているわけだ。以下において、特徴のある活動を紹介していこう。

アンテナ（ANTENNEN）

名前が示す通り、電波を利用する活動に力を入れているデイセンターである。軽度の成人の知的障害者が、自宅もしくはグループホームからここに通ってくる。現在、一七人の知的障害者に対して四人の指導者がいる。ここに来る知的障害者を、指導者は「ともに働く仲間」と呼んでいる。彼らは、利用者でもなければ参加者でもなく、同じ職場で働く同僚ということである。指導をする立場と受ける立場という関係ではなく、ともに一つのことをやり遂げていくための職人グループという意識が彼らにはあり、指導者はそのまとめ役でしかないという。人間対人間という意気込みが垣間見える。

ここでの活動は、「ラジオ担当グループ」、「テレビ担当グループ」、そして「音楽・コーラスグループ」の三つに分かれて行われている。このアンテナをはじめる前というのは、縫製作業を主体として布巾《ふきん》をつくったり衣服の修復をしたり、包装紙などで簡単な封筒の製作などしていた。そんななかで、普通学校から「障害者とは何であるかを紹介して欲しい」という要望が相次ぎ、インフォメーション係を設けた。それからというもの、何度も学校を訪問しては生徒たちの前で話をするようになった。人前で話をするというのには勇気も必要だったし、どのようにすれば理解してもらえるかという工夫も当然必要になった。こんなことを繰り返し行って、現在のアンテナとなったわけである。

アンテナ内のスタジオ

❶ラジオ担当グループ

アンテナがはじまるきっかけとなったのは、ゲーテボルイやコペンハーゲンでラジオ放送をしている知的障害者のグループがあるということを知ったからだ。そして、二〇〇一年、最初のプロジェクトとしてラジオ担当グループをはじめた。援助は、コミューンだけではなくＥＵ（欧州連合）からも受けた。初めは簡単なインタビューをしてローカルラジオ局の報道で紹介してもらう程度であったが、二〇〇二年からは本格的にスタートし、毎週月曜日の午後一時から一時間の枠で知的障害者のための時間をもらった。

常時、六人のリポーターがいて、週初めには番組の企画会議を開き、その結果をパソコンで印刷をして各自が動くというわけである。

❷テレビ担当グループ

テレビ担当グループは、まだこれから先どのように活動を発展させていくか試行錯誤の段階である。ラジオ担当グループのように、毎週企画を出してそれにもとづいて撮影をしようと指導者は考えていたが、実際には多くの壁があることに気づいた。とにかく、一つのことをすすめるのに意外と時間をとられ、そのうえ一人ひとりに明確かつ手短にやるべきことを伝えなくてはならないわけだが、実際これが非常に難しい。また、演じる人もカメラの前では沈黙してしまって思うようになかなかはかどらない。そんなわけで、まだまだテレビで定期的に放映するまでには至っていない。

とはいえ、活動内容を紹介した宣伝用のフィルムは完成しており、ローカルテレビでそれを放映してもらったことがある。また、ここで働いているメンバーの活動を録画してCD－ROMに保存し、グループホームなどでみんなとともに見るということをはじめている。

❸音楽・コーラスグループ

このグループの指導者のイングリッドは、以前「フローエット」（後天的成人脳障害者のためのデイケアセンター）で会ったことのある音楽セラピストである。ここで行っていることは、音楽療法を取り入れたケアというよりも、参加者とともに実際に音楽を演奏しているといったほうがよい。「ボーイズ＆ガールズ」というコーラスグループを率いて、要望のあるところに行っては演奏会を開いている。「高齢者施設などから声がかかると嬉しい」と、彼女はいっている。

また、「みんなでミュージカルをつくるんだ」といって気合が入っていた。歌詞やシナリオは、すべてみんなと相談しながら考えていく。イングリッドによると、みんな素晴らしい歌詞を書いてくるそうだ。なかには英語の得意な者もおり、スウェーデン語の歌詞を英語に訳したり、その逆をしてくれる人もいる。「私よりも英語が上手なのよ」と、彼女は真面目な顔をしていう。それぞれの特性を生かしてミュージカルができ上がるのもそう遠くはなさそうだ。近くにある学校の講堂を借りて初公演をするともいっていた。

ここでの作業日課を簡単に紹介しておこう（**表3**を参照）。

アンテナに見学者などが来ると、ラジオ担当グループに属しているリポーターのクラース（Klas）が案内してくれる。「この部屋でインタビューをして、隣の部屋で録音テープの編集をします」と巧みに案内をしている姿を見ているといったい誰が指導者か区別がつかないほどである。

クラースは、サテライト形式のアパートに独立して住んでいる。朝六時半に起床してシャワーを浴びると、グループホームに行って朝食をとる。グループホーム内に住んでいる五人と、クラースと同じように独立しているもう一人が集まって朝食をとっている。その後、クラースは一人で公共のバスに乗ってアンテナまでやって来る。一五時に仕事が終わると、またバスに乗って帰宅するのだ。夕食は、朝と同じくグループホームでみんな

表3　アンテナの作業日課

8：30	みんなが出勤してくる（登所）。コーヒーを沸かす当番の人はその準備をし、簡単な朝のパンを用意する。
9：00	みんなが集まって朝のコーヒーブレイク（朝の会）。当番の人はあと片付けをする。
9：45	皿洗い機をセットする。
10：00	グループごとにミーティング。そのあと、それぞれの活動に入る。
11：30	昼食の準備。食事は近くの学校にある給食センターまで取りに行き、各自、気の合ったグループで食事をする。あと片付け。
13：00	皿洗い機のセット。
14：15	当番が、午後のコーヒーを沸かす準備をする。コーヒーブレイク。
15：00	帰宅。

と一緒にとる。「料理は苦手だ」と彼はいう。食後のコーヒーを飲みながらみんなと談話して、憩いのひとときを過ごすと自宅へ帰ってテレビを観るのが普通だそうだ。「テレビがあると夜更かしして困る」といって、大きな声で笑った。

「仕事に差し支えがないの？」

「大丈夫だよ。コーヒーを飲んだら目が覚めるから」といってはまた笑った。

「テレビのほかに何か趣味みたいなものあるの？　何かして楽しいことなど……」と聞くと、すぐ隣で車椅子に座っているトーマスと顔を見合わせて「ダンス、ダンス」といってまた大きく笑った。

リポーターのクラース

毎月第二木曜日に、知的障害者全国連合会（ＦＵＢ）主催のダンスパーティーがあるのだ。一八時半から二一時まで、一六歳以上の成人したマルメ近辺在住の知的障害者が集まってくる。毎回、生のダンスバンドが演奏し、参加者も多く、非常にポピュラーな活動の一つになっているそうだ。そこではアルコール類は一切なく、コーヒーやクッキーが用意されている。車椅子を利用しているトーマスも、このダンスの日が楽しみらしい。

「僕は移送タクシーでダンスに行くんだ。一六歳以下は来てはいけない大人の集まりで、結構楽しいよ」というトーマスとクラースの笑顔を見ると、このダンスパーティーの日を楽しみにしているのがよくわかった。

スウェーデンのポピュラーなテレビ番組に、ポップスターをつくり上げていくことを目的としたものがある。要するに、スカウトされてきたタレントのなかで勝ち残った者がポップスターを目指せるというわけなのだが、そのオーディション風景をテレビで放映している。この番組のクルーがマルメに来たとき、アンテナのラジオ担当グループも舞台裏に進出して参加者や審査員にインタビューを試みた。ところが、逆に彼ら自身がテレビで紹介されてしまったという。クラースはそのときの模様を、「僕らにもオーディションに参加しないかって、逆にインタビューされたよ。テレビに映るんなら、歌でも歌ってくればよかったな。ハッハッハー」と興奮して話してくれた。

このほか、アンテナにしかできないリポートの一部を紹介しておこう。

❶知的障害者が属するLSS法の意味——「誰のためにあるのか（権利）」、「どのように利用するのか（主張）」について、地域の知的障害者を組織する委員会の会長にインタビュー。

❷統合教育について——何をもって統合とするのか？　そのメリットとデメリット。そして、統合への道。

❸グループホーム――どういう形の住み方が自分には合っているのか。
❹刑務所――知的障害者が犯す犯罪とその罰。
❺知的障害とは――その種類や度合い。そして、それは治るものなのか。

ここの指導者であるマーティン（Martin）は、以前、テレビ局の編集部で働いていた。その実績を生かして、アンテナではラジオやテレビの指導をしている。おっとりした感じのなかにも、何か光るものを感じさせる三〇歳の男性である。彼に、ここでの難しさや楽しさ、そして今後の抱負などを尋ねてみた。

「毎日、新しい変化があって、われわれが教えられることのほうが多い職場です。これが普通だ、当然だ、ということは何一つとしてありません。ましてや、こうするのが正しいということもありません。新しい視点に立ってそれぞれの特性を生かし、各自にあった最大限の工夫や努力をすれば可能性がどんどん広がっていくのです。彼らは、これまでは温室のなかで育ってきた植物のように周囲の人たちから大切にされてきましたが、ここに来たことによって一人の人間として、一人の働き手として数々の仕事が与えられます。各自が自分で問題解決しながら一つの目標に向かってすすんでいくわけですから、結果が現れることによって達成感という喜びを感じることができます。ここの事業は一応軌道に乗っています。しかし、これからのビジョンとして、今のスタジオをどんどん増やしてアンテナだけのラジオ局がもてればと考えています」

もう一人の指導者であるイングリッド（Ingrid）は、これからの抱負について次のように語ってくれた。

「まずは、ミュージカルを仕上げること。それから、多くの人が訪れることのできるミュージックハウスが欲しいね。知的障害者だけではなく、身体障害者の人も健常者も高齢者も、みんなが一堂に集まって音楽でコミュニケーションできたらもっと楽しくなると思うわ」

ゴミステーション

ゴミステーションといってもゴミの処理場ではない。では、何かというと、粗大ゴミのリサイクルとフリーマーケットを主として主催するデイセンターである。知的障害者たちが指導者のもとに集まり、廃品を回収し、リサイクルの方法を学んでフリーマーケットを通じて社会参加を行っているのである。二〇人ほどの知的障害者に対して五人の指導者がおり、そのなかには作業療法士が二人含まれている。高齢者が亡くなったあとの家具の後始末などを依頼されると、すぐに出動して、家具や衣服、食器類、台所用品などを回収してくる。もし、彼らが回収を引き受けていなかったらほとんどのものがゴミとして捨てられることになる。

このプロジェクトをはじめたのは、一九九五年に環境汚染に取り組んでいたラース・アンダーソン（Lars Andersson）という人であった。しかし、「廃品デパート」と称して個人事業をはじめたのはよかったが、赤字続きで倒産寸前となった。ちょうどそのころ、デイセンターで働いた経験をもつクリステル・アンダーソン（Christer Andersson）という男性が「知的障害者を含めた労働機関としてプロジェクトを組んではどうだろうか」というアイデアを出してコミューンに働きかけた。その結果、コミューンとEU（欧州連合）から三年間のプロジェクトとして一九九六年から援助を受けることができ、「ゴミステーション」が発足したわけだ。コミューン、国、EU、そして民間企業が合体したユニークなプロジェクトである。

ある高齢者が亡くなってその人のアパートにある廃品を回収しはじめると、誰もがちょっとしたノスタルギーに陥った。部屋の隅々にまで、その人がつい先月まで生活していたという証しが見え、シートが窪んでしまった古いロッキングチェアーや壁にかかった家族の写真、そして籠のなかには編みかけのカーディガンなどがあるのだ。ここに住んでいたのは、ポーランドから戦争を逃れて逃げてきたユダヤ人の女性であった。その彼女のプライベートな書類や手紙が無造作に引き出しに放り込まれていた。これらすべてを、ダンボール箱に機械的に入れていくという作業を淡々と繰り返す。売れそうでリサイクルできそうなものや修理できそうなものなどは、ゴミステーションに持って帰ってから仕分けをすることになる。

ゴミステーションにはそれぞれの担当グループがある。電気や電話コードなどの配線を巻いて下請けに出す作業、製品を洗う作業、値札をつける作業、修理をする作業、リサイクルをする作業、売り場に立って製品の陳列をする作業、掃除をする作業など、数え上げたら切りがないほどたくさんの仕事がある。

リサイクルをする作業の一例を挙げると、ソファを解体するという大きな作業がある。ソファのカバーを取り除き、なかに入っていた鉄のバネを集めて製鉄会社に引き取ってもらい、木枠は燃料や木工の材料にする。古い新聞や雑誌は再生紙をつくる別のデイセンターへ持っていくためにまとめるなど、モウモウとゴミの煙が立つなかでみんな汗だくになって作業をする。

なかには、面白いリサイクル方法もある。ふとした遊び心からはじまったのだが、古い旅行鞄や椅子などに不要となったマンガの紙を糊で貼って埋めていき、その上にニスを塗るとちょっとしたレトロ調の懐かしい作品ができ上がる。いってみれば、日本の和紙でするちぎり絵の立体版である。マンガというのはディズニーのミッキーマウスやドナルドダックで、一見したところ素晴らしい芸術作品に仕上がっているし、それを買っていくという物好きな人もいるようだ。

ゴミステーションが開催するフリーマーケットは実に面白い。若い人が親から独立してアパートに一人で住むようになるときなどは、誰しもそんな高価な家具は買えない。だから、値段も安くて何でも簡単にそろうフリーマーケットが都合がよい。私も掘り出しものはないかとよく見に行くし、アパートで不要になった家具が出たりすれば、同じアパートの住民と相談をしてひとまとめにして彼らに引き取りに来てもらっている。

そのほかにも、日本などから短期の赴任でマルメに来る商社マンや医者の家族が必要な家具だけをレンタルするというシステムもある。家具付きのアパートが見つからない場合に、普通のアパートを借りてここで必要な家具をそろえるわけだ。それ以外にも、演劇学校の学生が舞台で使う大道具として古い家具を物色してレンタルしていくこともある（逆に、いらなくなった大道具や背景をごっそりとゴミステーションに置いていくこともある）。

現在、ゴミステーションは、元砂糖工場の跡地に場所を移した。マルメ駅の裏側にあり、前よりも数倍広い敷地である。外側からも立派な看板が見えてわかりやすいし、大きな家具などをトラックから移動するのにも非常に便利になっている。しかし、ここも地下鉄建設のために立ち退きを迫られている。今後の活動場所を確保するためにスタッフは、コミューンとの交渉に余念がないようだ。

ゴミスーテーションの搬入口

なかに入ると、受付兼レジがあり、左側にはレトロ調の家具が置いてあり、右側には廃品がきれいに分類されて陳列されている。ガラス製品、陶器製品、木製品、台所用品、バッグ類、書物などがある奥には、たくさんの家具が林立している。ガラス製品などでいえば、世界でも有名なコスタボーダ（Costa-Boda）やオレフォース（Orrefors）の高級クリスタル製品が安値で販売されている。稀にではあるが、ロイヤルコペンハーゲン（Royal Copenhagen）などの陶器も無造作に置いてあるときがある。コレクターが探し歩くのにはもってこいの場所である。このようなところで、成人の知的障害者たちがてきぱきとそれぞれの任務をこなしているのだ。

知的障害者の演劇「モムスシアター（MOOMSTEATER）」

一九八七年、一般市民へ提供する講習サークルの一環として、演出家であり脚本家でもあるシェル・シャーンホルム（Kjell Stjernholm）の声かけで、まずは一つのプロジェクトとして「モムスシアター」は発足した。コミューン内にあるデイセンターから二人ずつの参加者を募り、一三人のサークル活動としてはじまった。当初は、参加する条件として本当に演劇をしたいという人にかぎった。

そして、翌年に上演した『夢』は、大いなる興味を示していたマスメディアにも取り上げられて大成功に終わった。知的障害者が演じる演劇としては画期的なことであったし、それをサポートする周りの協力もすごかった。演劇に必要な舞台装置（大・小道具、衣装、セット）や食事などはそれぞれのデイセンターが協力してつくったし、プロが使っている劇場も提供し、特別なコスチュームも貸してくれたりとコミューンも最大限の援助をしてくれた。

プロジェクトとして終わったあとに利用者から喜びの声が届き、目的へ向かって前進するための努力やその達成感、そしてそのために必要となる団結力の育成などという利点が多いことで、作業療法士や指導者をコミューンが雇って演劇活動専門のデイセンターとして新たな出発をした。このデイセンターを利用する知的障害者たちは毎日ここに出勤してきて、演劇を発表するまでの過程、つまり道具、音楽、パンフレットのつくり方などの細々としたことを学びながら働くことになる。しかし、演劇について何も知らない人や知的障害者だけのグループでは活動をするにしても限度があるということを学んだ。そこで、専門家の俳優や音楽家の協力も得ることになった。いってみれば、演劇を通じて健常者と知的障害者がコラボレートした、ということだ。

メンバーのエベート（Evert）は、最初は演劇に加わることもなく劇場の隅っこに立ったままでいた。「僕にはできない、僕にはできない」を繰り返して参加することを拒み、ほかの人が演じているのをただ見ているだけだった。初めての役は、大勢のなかに混じってたった一言の台詞をしゃべるだけであった。そんな彼も、回を重ねるに従って目覚ましい成長を遂げ、五年後には主役を務めるようになった。

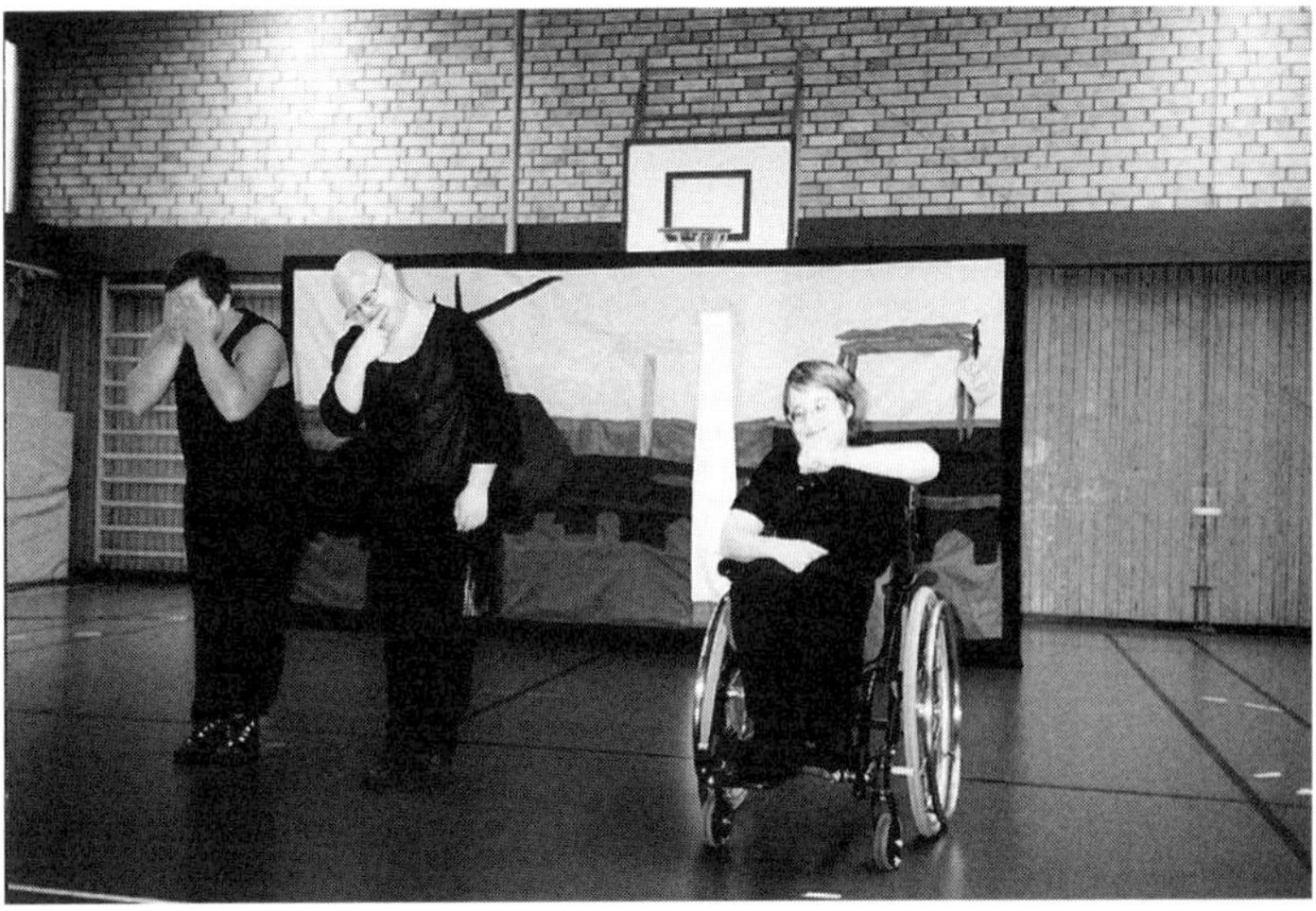

モムスシアターの練習風景

二人の俳優

面白いことに、舞台が終わったあとに出演者みんなが手を握って観客に向かって挨拶をするのだが、いつも彼だけが一歩前に出て挨拶をしたがる。演出家のシェルが、「この演劇はみんなで協力してつくり上げたものだから、ほかの人より前に出るな」と何度注意をしても、やっぱり一人だけ前に出て観客の拍手を独り占めしてしまう。これまでは苦笑して見ていたこのラストも、今では関係者全員が演技の一部としてあきらめたようだ。

現在、モムスシアターには一〇人のメンバーと三人の指導者がいる。「一つの演劇を仕上げるのに、週に四日練習して三ヵ月ぐらいはかかる」と、指導者の一人であるカーリン（Karin）が説明してくれた。もっとも、その練習中も笑いは絶えないようだ。

「モハメド、今のところをもう一度ちゃんとやりなさい!! あなたは、舞台の上では俳優なのよ！」と、カーリンが俳優という仕事をしていることを強調している。つまり、仕事という自覚を植え付けようとしているわけだ。そして、すぐにふざけては演劇の練習から脱線してしまうメンバーたちをカーリンはうまく指導している。

練習の最中に、突然、ストリートダンスができるからと言い出して出演者のモハメドとルイが床の上に背中をくっつけてクルクルと回りはじめた。そして、ルイがこれもできるといってブレイクダンスの真似をする。ひといき踊ったあと、二人は笑い転げている。二人とも、ダウン症の明るい青年たちである。しかし、こんな彼らでも、いざ本番となると顔に緊張が走り、これまで練習してきた成果をりっぱに舞台上でこなしていくわけだ。

もう一人、ここの俳優を紹介しておこう。四〇歳を少し過ぎたフォルケ（Folke）である。私が彼に初めて会ったのは、装飾づくりや大手の起業の下請けで受注軽作業をしているデイセンターであった。そこで黙々と仕事をこなし、休憩時間になると大好きなコーヒーを幸せそうに仲間と飲んでいた。週末になるとロトカードを売り歩くのが彼のアルバイトなのだが、そのとき、いつも私を大きな声で呼び止める。私は買わないのだが、常に彼はニコニコして挨拶をしてくれる。

その彼も、モムスシアターの俳優として出演している。彼にその様子を聞くと「面白い、楽しい」と答えてくれる。どこがどのように面白いのか、楽しいのかを知りたかったのだが、詳しくは答えられなかった。

ある週末に、大事そうに大きな人形を抱えて歩いている彼に出会った。

「どうしたの？　それ」

「これはリサちゃんです。僕の子どもです。よろしく」

「え？　あなたの子どもなの？」

「そう。マジョルカ島で見つけてきた」

「マジョルカ島に行ったの？　誰と？」

「グループホームから、みんなと」

人形を抱くフォルケ

「そうなの。それでリサちゃんはお利口さんなの？　ちゃんと、夜も大人しく寝てくれるの？」

「うん。これはオシメ。着替えも持っている」

フォルケは大きな鞄の中身を見せてくれた。ちょっと不釣合いな彼とお人形だが、彼は幸せそうに真剣に人形の相手をし、また自慢げでもあった。グループホームの人にあとで尋ねると、マジョルカ島へバカンスに行ったとき、フリーマーケットでこの人形を買ったらしい。それからは、どこへ行くにも人形を手放さないのだそうだ。

この行動は一時的なものかどうかはわからないが、彼の好きなようにさせているとスタッフは話していた。演劇の訓練がはじまると、きっとその余裕もなくなるのかもしれない。


モムスシアターが行う年に二回の演劇は常に好評で、私もほとんど観に行っている。テーマもいろいろで、初めのころは「知的障害とは何か」といった焦点を障害にあてたものが多かったが、最近では孤独をテーマにしたものなど、すべての人間に関係するテーマを取り上げるようになった。『見知らぬ客人（När mam får främmad）』という作品では、嵐に遭遇した四人（二人の知的障害者と二人の健常者）が山小屋に閉じ込められて一夜を一緒に過ごすというものであった。台詞だけを聞いていると、一体どちらがノーマルな人間であるかを考えさせられるコメディー作品であるが、人間の本質を見極め、一体誰が誰に対して偏見をもっているのだろうと深く考えさせられる作品であった。

Ａ　ちょっと……あの人ホモじゃない？
Ｂ　違うよ。あの人は……えーっと知恵遅れで……そのうえゲイなの。
Ａ　ええっ!?　そんな両方ともってあり得るの？

二〇〇二年にはオーストラリアまで遠征にも行ったし、国内の全国ネットのテレビでも彼らの活躍が紹介された。新しい試みとして、ミュージカル風に音楽をふんだんに取り入れた『ジャングルブック（Djungel boken）』という作品も発表した。そのおかげか、子どもたちの観客も増えたし、特別学校の生徒たちは大いに喜んだ。

二〇〇四年の春には、スコーネ地方だけでも六五回の公演を行い、合計二万人近い観客が足を運んだ。五八ページで紹介したように、「金魚の会」の二〇周年記念には私が勤めるハビリテーリングセンターにも来てくれた。これからも、彼らのユニークな活動は続いていく。

絵画工房（Bildverkstad）

このような工房は日本でも多い。しかも、日本ではプロと見間違えるほどの素晴らしい作品が次から次へと発表されている。スウェーデンでも、菓子づくり、パンづくりをはじめとして、織物、絵画、陶芸、再生紙利用の工作、セッケン・ローソクづくりなどの活動がそれぞれの地区で行われている。内容は日本と一緒なので詳しくは紹介しないが、スウェーデンでは、知的障害者が描く絵をそのままTシャツにプリントして売っているところもある。彼らの絵は素朴でユーモアがあり、「えっ？　オチンチンまで描くの？」と、笑える絵もプリントされている。こんなTシャツは誰も着ないのじゃないの、と思うのだが、これがまた一番売れ行きがよいそうだ。四歳児ぐらいが描いたと思える、人間の絵の真ん中に巨大な男根がプリントアウトされたシャツをみんなが堂々と着て歩いている。文化が違うといえばそれまでだが、さすがに私が着るには少々抵抗がある。

以下では、デイセンターではないが、知的障害者が活動しているサークルを簡単に紹介していくことにする。

柔術（Ju-jutsu）

日本を代表するスポーツである柔道が、スウェーデンでは知的障害者のスポーツとしても歓迎されている。白い柔道着に身を固めて、一列に並んで先生の掛け声とともに受身の練習をマットの上で喜んでやっている。遊びの要素を取り入れながらの練習である。ダウン症の子どもたちがみんなと一緒に転がっていったり、互いの襟をつかみ合いながら段どりを繰り返している。運動をしたからだろうか、頬を紅潮させて見るからに楽し気だ。手や足の機能が決してスムーズでなくても、毎日やっているうちにその動きに磨きがかかってくるのだから不思議である。

ヘルシンボルイに住むマイク・ワル（Mike Wall）はユーモアのある指導者で、「柔道はどんな機能障害をもっていても習うに値するスポーツであるし、各自がもっている能力でどうにかなる」と豪語している。それがゆえか、柔道に偏見をもっている親たちが恐る恐るクラブのドアを開けてくるという。本当に、柔道という激しいスポーツが車椅子のわが子に合うかどうかが不安なのである。

マイクは、初めの数回は無料でいいといって参加をすすめている。何度か試してみて、楽しければ続ければいいという。数回来てはいるのだが、練習には参加しないでいつも部屋の片隅で見ているだけの子どももいるそうだ。しかし、そのうちに試してみるようになる。そこまでいけば、転がる面白さや身体を動かす楽しさを体感し、柔道の面白さが自然にわかってくるというのだ。

クラブのほうからは決して難しい要求は出さない。ここに集まって身体を動かすことを覚え、友達が増えることが最大の目標であるという。昇段試験もちゃんと真面目に行うし、障害をもっているから……と妥協してただの遊びだけにならないようにしている。真面目に練習をして、有段者になるという目標をつくってあげなくてはならない。

試験の内容は、各自に合わせて前もってクラブで決めるという。簡単な試験からはじめて、順番にクリアをしていけば達成感を味わうことができるのだ。親のほうにしても、わが子をオリンピックに出場させようと望んでいるわけではないが、真剣に試験に取り組んでいるわが子を見て感心するという。「しっかりやれよ！　頑張れよ！」という励ましの声とともに、「思う存分楽しんでいらっしゃい」という声が響きわたる自由で楽しいクラブである。

乗馬

乗馬は、「乗馬セラピー」と呼ばれるくらいに障害者には縁のあるスポーツだ。特別学校では、経済的余裕があるか、あるいは援助金を募ってでも乗馬をできるかぎり時間割のなかに組み入れている。スウェーデンでは、馬は日本の犬や猫のように身近におり、子どもたちにとっても非常に親しみのある動物である。そして、どんなに重度重複障害をもっていても馬に触れるようにしている。馬のリズムにあわせて身体が揺れることは、心身の向上においてかなり効果があるらしい。

とはいえ、重度重複障害の人が乗馬をするといってもまっすぐに座ることはまずできない。横向きに座ったり、覆い被さるようにしたりして、一人か二人のアシスタントの介添えがあってこそ乗れるのだ。しかし、知的障害者だけの特別学級では、乗馬指導員の指示のもとに全員が一人

乗馬

で乗る訓練を受けている。怖がる子どもには大人が馬を引くが、ほとんど場合、乗り降りするときだけ教師がサポートしている。

広く、屋内にある乗馬場なので、雨が降ろうが雪が降ろうが乗馬ができる。学校から移送バスに乗って、子どもたちは待ちこがれたようにここにやって来るのだ。一〇頭ぐらいの馬に各自が鞍をつけて、馬場に馬をリードして出してくるのも彼らの役目である。手伝うのはやはり教師やアシスタントで、最終点検は乗馬指導員が行っている。馬場では、ヘルメットをかぶった子どもたちが、馬上で鞭を持って手綱をしっかりと握って一列に並んで指示を待っている。颯爽としているその姿は素晴らしく、ちょっと感動的ですらある。信頼関係が成立しているからこそ、彼らの指示に従って馬も動いてくれるわけだ。

馬場を一周し、そのあとはジグザグに馬を走らせたりする手綱の操り方なども練習する。なかには、もうすでに巧みに馬を操っている子どももいる。みんなの顔はというと、真剣で生き生きとしており、指導員が発する指示を全神経を集中させて聞いている。こういうところにも、セラピーの要素があるのかもしれない。

サーカス

知的障害者や身体障害者を対象として、サーカスの協議を訓練するクラブがある。プロのサーカスで活躍していた人が指導者になって、子どもたちの身体の可能なところだけを巧みに使ってサーカスの訓練をしているのだ。たとえば、腕だけをまっすぐに伸ばせる人には、指導者やほかの参加者が投げるカラフルな輪を輪投げの要領で受け取るといったところだ。そのほかにも、フラフープを前方に回転させて指導者がその輪のなかをくぐってみせたり、普段は車椅子に座っている人が立つとその周りを固めるようにほかの人が支えたり、まっすぐ立って大きなボールを両手で頭の上に置いたり、ジャグラーの要領で相手にピンポン球を投げたり受け取ったりもする。

少し難しいのになれば、指導者が障害者の両手両足を持って車輪のように身体全体を回転してみせたり、三段ぐらいの人間ピラミッドを築いたりしている。これら以外にも、風船を手に持ってそれを空へ飛ばすなど、サーカスとはいえないほど簡単な演技ばかりであるが、サーカスらしい雰囲気が充分にあって子どもたちは張り切ってやっている。

サーカスと聞くと、身体を非常に駆使した一見無理そうな大技ばかりだと思いがちである。バランスを必要とする綱渡り、筋力のいるアクロバット、目を覆いたくなるような空中ブランコなど、障害をもつ者にとっては不可能な世界だとこれまで思われてきた。ところが、工夫さえすれば不可能なことはないと実証してくれたサーカスクラブがここにあったのだ。挑むことが楽しいのだ。綱渡りの代わりにベンチが用意されてその上をバランスをとりながら歩く、さほど高くない空中ブランコに座ってみせたり、両手を使ってぶら下がってみせたりしてポーズを決めると、いっぱしのサーカス団員である。

上手か下手かという問題ではないのだ、という雰囲気がここにはある。みんなと一丸となって技を磨いていくプロセスが楽しいし、実際に両親や家族の前で演技を発表することによってその達成感は言葉に表せないほど大きなものになるという。いつぞやかは、スコーネ中のハビリテーリングセンターのスタッフ三〇〇人ぐらいが集まった会場でサーカスクラブに参加している身体・知的障害者たちがさまざまな技を披露してくれた。全スタッフの目には涙が浮かんでいたほど感動的であった。「不可能はない」という言葉を実証してくれたみんなの努力の結晶であり、演技であった。

サッカー

ハビリテーリングセンターでは、地区経営のサッカークラブに呼びかけて、知的障害者や軽度の身体障害者を対象にしたサッカークラブを設立した。この活動は、スウェーデンの全国ネットのテレビでも紹介されたほど多くの人に喜ばれている。スウェーデンの国民的スポーツといえば、夏はサッカー、冬はアイスホッケーといわれている。居住地区には必ずサッカークラブがあり、保育園に通うころからすぐにどこかのクラブに属して、暇があったらボールを追っている子どもが多い。体格に差のない保育園のころは、男女が一緒になって仲良くサッカーをしている。

学習能力や運動能力の低い知的障害児も健常児の通うサッカークラブに入ることはできるが、

ボールを蹴るチャンスはほとんどやってこない。足の速い者やテクニックの優れた者が先にボールを蹴ってしまうからだ。そのため、地域のサッカークラブでは彼らは楽しむどころか自信を失ってしまうことになる。彼らの意欲をなくさないためにという思いで、冒頭に述べたサッカークラブを立ち上げた。

練習を見ていればわかるが、彼らを機敏に動かすのは至難の業である。筋肉に緊張感がないのかダラダラと動くし、「疲れた」といってはグランドのど真ん中に座り込む者もいる。試合の真っ最中であっても、ひと息入れるといっては座り込んでしまう。「動け〜！走れ〜！」と、コーチのがなり声が飛ぶのだが、一向にお構いなし。ハーフ四五分という試合時間を、ボールを追って走り切るというのが彼らの大きな目標である。

サッカークラブでの練習風景

今では、全国に知的障害者のサッカークラブが設立されて、全国大会をすることも可能となった。サッカーをしている子どもたちを見ると、どの顔も生き生きとしている。あらゆるスポーツに通じることだが、スポーツをすることでルールというものを覚える。そして、それが切っ掛けとなって、社会生活を送っていくうえにおいても必要なルールを体得しやすくなる。

陸上競技

週一回の陸上競技クラブもある。広い室内体育館も狭いと感じるほど、室内の至る所に陸上競技（幅跳び、砲丸投げ、ハードル、高飛び、棒高跳び、一〇〇メートルなど）のステーションがある。そして、それぞれグループごとに分かれて練習をしている。「ＭＡＩ（malmo idrottsklubb）」という、マルメ陸上競技クラブが主催している知的障害をもつ子どものための陸上競技クラブでる。各グループのリーダーには高校生のように若い人もいる。ここでは、手と足の動きが鈍くても、本物の砲丸を投げ、本物の棒高飛びが経験できるのだ。テレビで観ているオリンピック競技が自分でも実際に体験できるというので、このクラブは非常に人気が高い。一年に一度ＭＡＩ主催の大会があり、そのときは参加賞として知的障害児全員にメダルが渡される。もちろん、優勝すれば表彰台で表彰もされ、この模様は毎回新聞においても紹介されている。

「何が一番面白かった？」と尋ねると、元気のいい答えが返ってきた。

「棒高跳び！」

「どうして？」

「あんまり重くなかったんだよ、僕でも持ち上げられた」

「あんなに長い棒を使って飛べたの？」

「うーん、少しだけ。難しかったよ」

「飛べるようになるといいね」

「うん」と、誇らしげに答えてくれたラースは一〇歳の男の子である。


何度も何度も踏み板からはずれて飛ぶことになるわけだが、そのたびに指導者がホウキで踏み跡を消しながら褒めたり慰めたりして励ましているのだ。知的には遅れているが、健常児と同じようにトラックで走り、飛び、投げて身体を動かすことを楽しみ、競技に参加することで多くのことを学んでいく。

しかし、砲丸を投げたり、槍を投げたりすることは、知的障害児や自閉症児が興奮してパニックに陥る場合もある。そして、その一瞬に事故になることも充分に考えられる。安全性や責任問題を考えるとなかなかできないわけだが、それをあえて体験させるところに陸上競技クラブの良さがあると思う。

第5章

スウェーデンにおける知的障害者へのアプローチ

スウェーデンという国は読者もご存じのように高福祉高負担の国で、三〇パーセントの所得税、そして二五パーセントという消費税を支払っている。そして、その税金は福祉機関、教育機関、医療機関に厚く配分されており、納めた税金が国民に還元されているというのが肌で感じられるような制度となっている。

ほんの少しだけ具体的に述べれば、子どもができれば児童手当、離婚すれば最低限の扶養手当、賃貸住宅の家賃が収入に対して高すぎれば住宅手当、そして大学で勉強する際には就学手当がもらえたり、就学ローンという制度もある。また、教育費は義務教育、高校、大学とすべて無料で、義務教育においては教科書はもちろんノートや鉛筆までが無料で配布される。病気やケガで医療の必要性がある場合も、初診料は支払うが入院費も手術費も無料となっている。国民が支払う年間の医療費や薬の最高定額なども決まっており、納税額の一部が自分自身のために使われているのがよくわかる。

このように税金の使い道がはっきりとしており、またそれが納得ができれば、高い税率であったとしてもさまざまなジャンルにおいて安全が保障されていることを望むし、我慢もできるだろう。ましてや障害者となれば、その恩恵の大きさはとてもこの紙面で書き尽くせない。これらのことに関しては、多くの本によって日本でも紹介されているので、是非それらを参照していただきたい。

誰しもが願う「弱者や障害者に優しい国」が、このスウェーデンにおいては実現されていると私は断定したい。もちろん、現在のスウェーデンにも欠点は山ほどあるが、補助器具、住宅改造などすべて無料でしてくれるスウェーデンの医療福祉制度を内側から見ていると、日本人の私にはやっぱり頭が下がる思いがする。しかし、スウェーデンにどっぷりと浸かっている人々にはこの良さがどうやらわからないらしい。たくさんの恩恵を受け、補助器具などを無料でいくつももらい、莫大な費用のかかる改築を無料でしてもらっても、「何にもしてもらっていない」といい切る人たちがいるのだ。

もちろん、すべての恩恵が天から自動的に降ってくるわけではない。一つずつ、自分のニーズに合わせて得るものなのである。この個人のニーズについて、また豊かな医療福祉制度を受けている人々の考え方について、一つ書き添えたいことがある。私は、これまでいろいろなところでスウェーデンと日本との比較をし、さまざまな角度からその相違について講演したり著述したりしてきたが、どこでもひしひしと感じることは、人間一人に対する考え方が両国において根本的に違うということである。

どういうことかというと、スウェーデンでは徹底的に個人を中心にした教育がなされ、社会的にも個人という位置づけが確立されているということである。自立や独立を目標として一八歳を成人とし、一八歳をすぎると当たり前のように親から離れて自活をしていく。最近では、スウェーデンでもアパート不足が目立ってきてその自活も困難になってきたが、精神的には立派な個人として見なされることになる。ここには、身体障害者も知的障害者も含めてみんなが独立しており、それが当たり前の社会であるという意識が社会全体に深く浸透しているのだ。そして、みんなが独立するための援助をいろいろな制度のもとで施行しているのである。

一方、日本はというと、人口が多く集団化されているため、また歴史・文化的にも依存型であるといえる。そうならざるを得ない状況が日本にはあるわけだが、それがゆえに集団というなかでの助け合いや協働精神を学ぶことができる。

この比較は、どちらが良くてどちらが悪いというものでは決してない。それぞれの文化をもって両国がサバイバルしてきたわけだから違いがあるのは当然だし、また必然的だったと思う。それに、それぞれに合った医療福祉の形態が必ずあるとも思っている。しかし、この違いは障害者を援助するときには大きな影響を与えることになる。つまり、日本の場合は、個人に対しての視点のズレから援助する側もされる側も何に焦点を絞ってよいのかがわからなくなってしまうのだ。一人ひとりの人間を尊重するということは頭でわかっていても、それを踏まえた制度をつくったり、言葉で説明しようと思うとことのほか難しくなる。一番わかりやすいたとえとして、私はいつもケーキの分け方を挙げている。これを見ると、スウェーデンと日本の違いがひと目でわかる。

大きなケーキを八人の客に配るとき、日本では公平になるように必ず八等分に分けて客に出すようにしている。それが一番公平であり平等であると考えている。しかし、スウェーデンでは、大きいままのケーキに包丁を添えて八人の客の前に出すのである。そして、客のそれぞれが、自分のお腹と相談して食べれるだけの量を切って取るのである。少しだけ取る人もいれば、たくさん取る人もいる。もちろん、たくさん取りたい人も大体みんなにケーキが回るように配慮して自分の分を取って次の人に回していく。そして、みんなが取ったあとにまだ残っておれば、もう少し食べたい人はもう一度取ることになる。

このケーキの分け方の違いがわかってもらえるであろうか。日本では、客の腹の具合やケーキの好き嫌いには関係なく公平にケーキを配るのを当然としている。なまじ躾の行き届いた人であれば残すこともできないので、無理やり全部を食べることになってしまう。つまり、この公平さの裏側にはそれぞれの人の希望は無視されているということがあるのだ。この違いは、ケーキの分け方だけでなく、医療福祉制度や社会全般にゆきわたっているシステムにも現れてくる。

たとえば、日本であれば小学校へ上がるときに、多少知的能力に遅れのある子どもであってもほかの子どもたちと同じスタートラインで出発させようとする（**図3**参照）。運動会のスタートラインと同じで、運動能力に秀でた子どもとそうでない子どもがゴールを目指して同じ距離を走らなければならないのである。結果において、子どもたちに差が出るのは当然で、いつもビリになる子どもは毎回屈辱を味わうことになる。

このようなあり方を日本では平等と考え、できない子どもできる子どもも同じノルマをこなさなければならないとしている。もちろん、落ちこぼれといわれている子どもや成績の悪い子どもが、そこで発奮して努力をするのを良しとするのも一つの学習方法であるとは思う。しかし、先天的に運動能力が弱い子どもはいくら努力しても勝利を味わうことはできないのだ。みんなが同じで平等であるとして、スタートラインを同じにするのは決して公平とはいえない。

スウェーデンの場合は個人を主体にしており、それぞれのスタートラインが違っていて当たり前と考えている。当然、それぞれの努力に応じてゴールも変わってくる。能力の差はあるが人格的に優劣はなく、個性を尊重するのが平等の精神である、としている。天才的科学者であるアイシュタインも、小学校時代は集中力もなく劣等生であったが、数学においてはずば抜けた才能をもっていたのである。私の知っている重度の脳性麻痺の大学生は、四肢麻痺でありながら数学が得意で、スウェーデン全土で行われるテストでも常に上位を占めている。このように、それぞれ人間には得て不得手があるのだが、立場はあくまでも対等であり平等でなければならない。そ

図３　スタートラインの相違

して、自分にあった勉強をすればいいのである。

日本でも、もちろん人はみな平等であるというだろう。しかし、日本社会全体を考えてみると、常に上下関係を値踏みしてしまうという歴史的な背景から逃れることができないように思われる。先輩後輩、年功序列、出身大学のランクなど、数々の比較意識がそれぞれの立場が対等にならないようにしている。個人個人が主体となるスウェーデンでは上下関係は薄れ、常に対等の立場で議論をすることになる。自分で判断して自らの意志を明らかにするような教育環境がすでに保育園からはじめられ、それが小学校、中学校、高校と続けられて人格形成をしていくのだ。そして、周りの人々もそれに対応するのが当たり前となっている。

主張するということは、決してわがままを押し通すということではない。また、個人の主張がすべて通るものでもない。自分が主張するということは、相手の主張も聞き入れるということである。つまり、相互理解のうえにおいて、対等な立場で議論をするということである。それを、子どものときから学んでいくわけだ。

家庭では、服を一つ選ぶのにも子どもの好みを聞き、食事においても自分で食べれる量を自分で取らせるようにしつけていく。保育園や学校でも同じく子どもの意見を大切にするし、事あるごとに協議をするという機会があるから、社会全体の意識が個人を主体に考えていくのが当然となる。だから、政治的にも個人を尊重した制度を施行することになる。自己決定権などは、個人が自らの意志を表明することができて初めて適用できるものである。

これらの社会通念が理由で、知的障害者に対する援助も一律のものではなくなる。前述したように、豊富な授産施設を設けて、そのなかから自分にあったものを選び、自分のニーズに合わせて住まいも選ぶことになる。それが可能になるのがスウェーデン社会であり、「弱者に優しい国」といわれる由縁である。

ニーズに沿った知的障害者への対応策——日常のアイデア

本章では、スウェーデンの知的障害者が社会のなかで普通の暮らしをするためにどのような援助を受けているのかを具体的に述べていきたい。また、日常生活上の、かなり細々とした部分にまで至るアイデアを紹介していくことにする。これらは、日本においても充分に役に立つことかと思うので、ぜひ参考にしていただきたい。

知的障害者には感覚障害をともなう人が多い。目に入る情報をすべて受け入れることができず、一つの完成された絵を見てもそこにポツポツと穴が開いているように見えるのである。それ以外にも、コップ、靴下、帽子と輪郭だけの絵が重なった場合に帽子だけはわかるがあとはわからないというように、三つの情報がすべて脳まで届かないということがある。こういう人は往々にして、上下、内外、前後などの区別がつきにくく、シャツを裏表に着てみたり、靴の左と右を間違って履いてしまったりする。

奥行き、距離、方向などを判断する能力が欠乏していれば、階段の上り下りも危険なものとなる。何度も繰り返して、慎重に一歩ずつ上がる訓練をしなければならないのだが、練習を重ねて自宅の階段は大丈夫となっても学校の階段となるとさっぱりだめということもある。つまり、同じ訓練をしても応用能力が弱いために結果はそのとき次第となるのだ。

とにかく、練習には時間と根気が必要となる。方向や距離の判断能力が乏しく、道路を渡るときにも周囲に何があるかをとっさには判断できない。彼らにとっては、目で確認できないものは見えないのと同じなのである。ましてや、車がどの程度の速度で走ってくるかなどはとても判断することはできないので、道路を渡るときには、少々遠回りであっても必ず横断歩道を渡るように指導している。

このように、感覚、知覚能力が乏しい場合、空白部分を埋める意味でも感覚統合を誘発するスヌーズレンをすすめている。私が勤めるハビリテーリングセンターでも、スヌーズレンをよく利用している。知的障害者とともに楽しめるスヌーズレンについて、まず説明していこう。

スヌーズレンの活用

「スヌーズレン（Snoezelen）」という言葉を聞いてもピンとこない人が多いと思う。しかし、この需要は世界的なレベルで増えてきているし、知的障害者の周囲の人々にはとくに推薦したい。

ただ、紙幅の関係上、あまり詳しくは説明をすることができない。どのように造ればよいのか、あるいはどのようなものがあるのかなど、詳しく知りたい方は拙著『スウェーデンのスヌーズレン』（新評論、二〇〇三年）を読んでいただきたい。

スヌーズレンとはオランダ語の合成語で、「香りを嗅ぐ」という行為と「ウトウトする」惰眠状態の言葉をさし、一九七〇年代の半ば、オランダの重度知的障害者を対象にした施設で一種の教育的刺激を与える環境設定方法としてはじまったものである。一言でいえば、感覚のためのバリアフリーである。

一般の人々は、混乱した情報過多の環境のなかでも日常生活に必要な事柄だけをチョイスして生活を営む能力をもっているわけだが、前述した通り、感覚障害をもっている人は思考が混乱したまま、着ている服の区別もつかず、買い物に行っても道がわからなくなるなど、日常のさまざまな場面でトラブルに見舞われてしまう。それらのトラブルを最小限のものにし、現在もっている感覚を統合してその受理能力を高めるための施設がスヌーズレンである。ここでは、秩序ある環境設定がされており、知的障害者がリラックスしながら自らのペースで新しい発見やさまざまな事柄を学習することができる。

スウェーデンでは、福祉の中枢ともいわれるデイセンター、デイケアセンター、サービスセンター、グループホーム、ショートステイホームなどに、さまざまな規模で作業療法士や特別教育教員などが率先してこのスヌーズレンを造っている。スヌーズレンにはいろいろな部屋があるが、

部屋の隅を利用して簡単にできるスヌーズレンコーナー

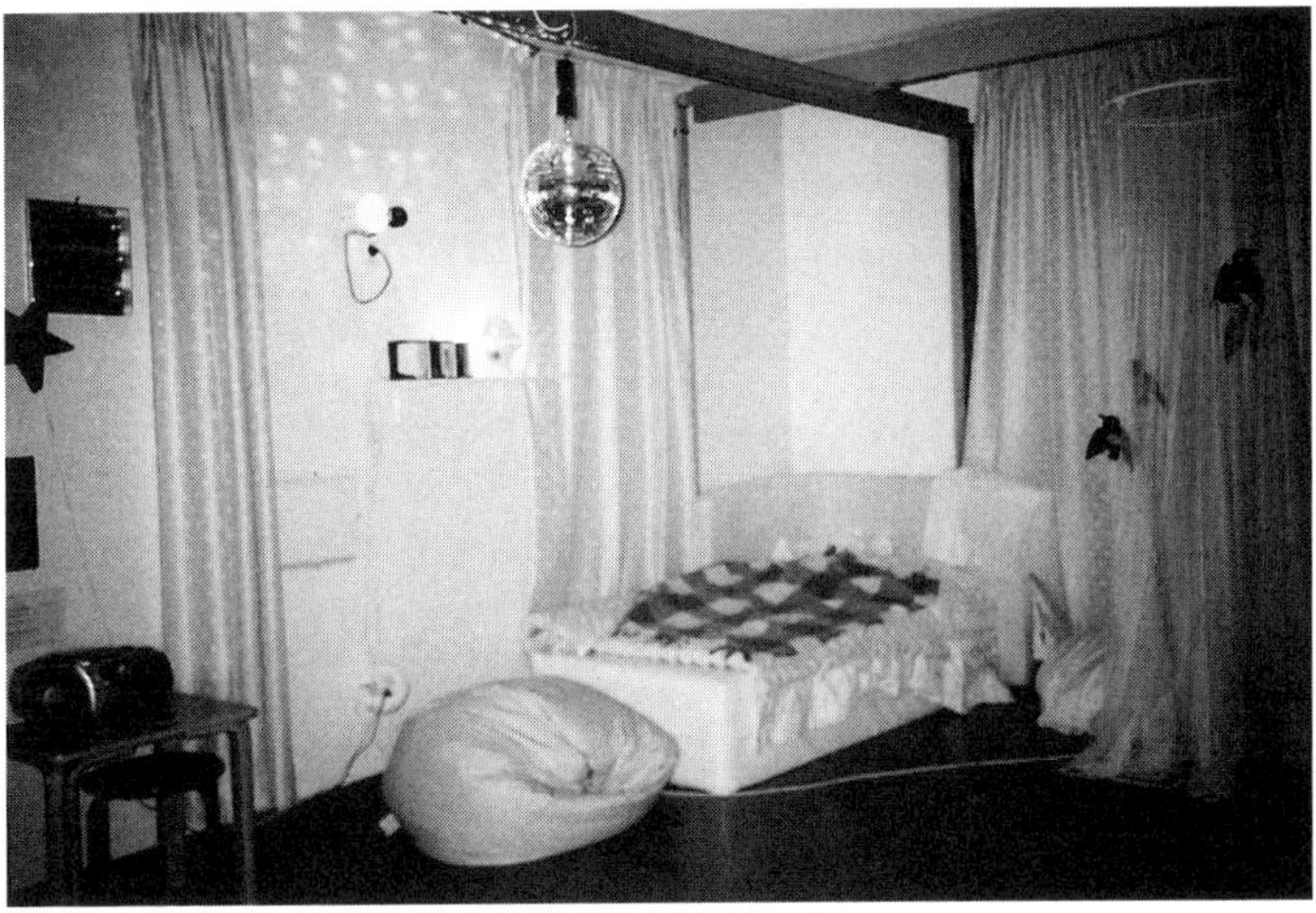

特別学級にあるスヌーズレン

代表的なものとしては、壁も床もすべてが白いホワイトルームがある。そこには、バブルユニットやサイドブローという光ファイバーでつくられた器具、ソーラプロジェクター（オイル板にいろいろな色を混ぜたものを壁に映し出す）という機器やミラーボールなど、さまざまなライトニング効果を得られる機器が置いてある。ちょっとした異次元の世界である。

そのほかには、ミュージックルーム、マッサージルーム、ブラックルーム、アクティビティルームなどあるが、このアクティビティルームには水の代わりにたくさんのボールを入れたボールプールが設置されている。ハンバーガーショップや子ども遊園地などに置いてあるものと一緒だ。そこに飛び込んで転がって遊ぶことで身体の隅々にまでボールが触れ、自分の身体の大きさが知覚できるようになる。ボールプール以外にも、アクティビティルームの壁にはいろいろな仕掛けがしてあって、ボタンを押すと動物の鳴き声が聞こえてきたり虹色のライトが点いたりして、自らの行為が確認されることによって楽しく遊んだり学習をすることができる。スヌーズレンを利用することによって適度の刺激を受け、それを繰り返すことによって感覚に磨きをかけていくわけだ。

仮に、施設にあるような大きなスヌーズレンが造れなくても、自宅の部屋のコーナーやベッドの上の空間を利用して造ることができる。手触りの違う手製のクッションや音を発するオモチャを取り付けて、触感覚を適度に刺激するだけでもよいのだ。目的や利用者によって、さまざまなスヌーズレンをつくることができるのでちょっと工夫してみたらいいと思う。

ただ、忘れてならないことは、スヌーズレンは利用者が主体となる空間であるため、決してその利用を強要してはならないということである。訓練ではなく、楽しく自発的に学習できるように作業療法士などが促し、時間と空間を互いに共有することによって新しいコミュニケーションが生まれてくることを忘れてはならない。このようなスヌーズレンという空間が、一つでも多く日本で設置されることを作業療法士の一人として望んでいる。

以下では、日常生活のさまざまな場面を想定して、より具体的な対応策を説明していくことにする。なお、ここで記すことになる住宅改造や補助器具の提供は、これまでにも述べてきたようにスウェーデンではほとんどが無料で行える。日本の方々には単なる羨望となるかも知れないが、個人でもできることが多々あるし、日本社会のシステム変換をするためのヒントとして読んでいただければ幸いである。また、ここに記したことは、サポートだけを考えてのことではなく、彼らが自立することを目的として行われているということである。

騒音となる場合

知的障害者には状況判断の疎い人がたくさんいる。人の会話に割って入っていくのは常だし、健常児が普通に遊んでいるときのような声ではなく、突然、耳を裂くような大声を上げたりすることも度々なので、物音が響きやすいアパートなどではその声が近所迷惑にもなってしまう。また、テレビをつければ、程度というものがわからないから、がなり立てるような騒音のなかで好きなビデオを繰り返し見ることにもなる。

そして、一緒にいる家族にとっては辛いことだが、知的障害をもつ子どもにとっては、ストーリーも知っていて、各場面で何が起こるかがわかっているもののほうが安心して見られるために同じビデオを何度も観てしまうことになる。このような場合、スウェーデンでは次のような対処法を用いている。

●近隣の家の人々に理解を求める。知的障害特有の症状を周りの人々に伝えて、どのようなときに叫び声を出すのかを前もって説明しておく。

●子どもとテレビを観る時間を事前に決めておく。観たい番組のときには、エッグタイマーや目覚まし時計に終了時間をセットしておく。番組が終わったら、何か子どもの好きなことを（本を読む、音楽を聴く、ゲームなど）約束をしておくのも、すんなりとテレビから離れられる理由となる。

●テレビやステレオのボリュームの目盛りをカラーテープなどで印をつけておく。もしくは、ボリュームのダイヤルが一定以上は動かないようにしておく。もちろん、専門家に頼んで音量調節をしてもらうのもよい。

●子どもが観るときにはテレビに前もってヘッドフォンをつけておく。日ごろからヘッドフォンを利用する習慣をつけていると周囲の迷惑にもならないし、家族も静かな生活を送ることができる。

●北の国スウェーデンでは窓は二重になっているので、閉めてさえいれば外からも内からも音はシャットアウトされるが、扉の閉め忘れというのがある。扉を閉めることも習慣づけるとよい。

●室内では、いろいろな音を出しては喜ぶ子どもが多い。音という刺激が子どもにとっては活力となるらしい。そんな場合は、音が反響しないように壁にポスターやタペストリーをかけ、床に絨毯を敷いておく。波打ったダンボール紙などを壁紙に利用しても騒音防止になるし、それがインテリアの一つにもなる。

これら以外にも、次のような大がかりなものもあった。

独り言をいうときに、猫が鳴くように高音で繰り返す子どもがいた。アパートに住んでいるために隣人や大家からも苦情をいわれ、家族は精神的にもかなりまいっていた。私は、コミューンの建築課と協力して子どもの部屋全面に防音装置をつけることにした。四方の壁はもちろん、床や天井に至るまで五センチほどの厚さの壁をつくってその間に防音材を入れたのだ。引っ越しまで考えていた家族は、そのおかげで、安心して今も同じ場所で生活を送っている。このような大改造も、作業療法士とともに要望書を出してコミューンの建築課の許可が下りれば無料でしてもらえる。

トイレの利用方法

親からの相談が一番多いのがトイレの利用に関してである。二歳ぐらいまでの間はオムツをして親が取り替えてやればよいが、それがとれる時期になってもなかなか取れないので親は慌てることになる。知的障害をもっている場合、自分の身体のなかでも見える部分については理解できるが、背中やお尻などの見えない部分はないのも同然だから排泄の処理がなかなか覚えられない。だから、おまるの使用からはじまってトイレの使用に至るまで練習するのに時間がかかることになる。毎日、定期的に時間を決めてトイレに座る練習からはじめ、排泄行為を体感的に自覚するまで気長に待つしかない。そして、トイレが使用できるようになると次のような問題が出てくる。

●トイレという言葉を聞いただけで嫌がる子どもがいる。トイレに行きたくなるように、大好きな曲をトイレで流すとか、用を足しているときに見えるように面白いポスターを貼るのもよい。

●便器の穴が大きく見えて、落ちるように感じて怖がる子どももいる。市販の小児用の便器をはめるか、柔らかくて座り心地のよいものに換える。

●トイレットペーパーを利用しはじめると、クルクル回るのが面白くて、ホルダーから全部巻き取ってしまう子どもがいる。そのあげく、それをトイレに流し込んでつまらせる場合もある。このような場合は、事前にトイレットペーパーを一回分ずつに切っておいて、子ども用のホルダー（箱）に入れておくとよい。

●身長がゆえに便器や手洗いに届かない子どものために、広く低めの踏み台を置いておく。これは、足を踏み外して転ばないためである（補助器具）。

●便器に座ってからもじっとしておらず、バランスを崩して落ちる場合がある。そのときには、便器の周りにコの字型になるように枠をつくって、アームのあるトイレにする。できれば、上下に動くとか簡単に取り外しができるとなおよい（補助器具）。

●トイレの利用方法がひと目でわかるように、ピクトグラムで順番を示した表を貼っておく。たとえば、ズボンを下ろす、便器に座る、終わったらお尻を拭く、ズボンを履く、トイレの水を流す、手を洗うなどを図にして、左から右へと順番に貼っておく。

●排尿のときにどこに立てばいいのかを教えるために、床に本人の足型を切り抜いた滑り止めのプラスチックを貼っておいたり、ペンキでマークするのもよい。また、オシッコを便器以外のところにかけないように、便器のなかに印をつけておく。

●手洗いで水を止めるのを忘れたり、水遊びにふける子どもも多い。その場合は、一定量しか出ない蛇口に交換する。また、手の

柔らかい幼児用のはめ込み便器

握力がないために蛇口をひねることができない場合は、上下もしくは左右に動かして開けられる蛇口に交換する（住宅改造）。あるいは、水源を切るスイッチを洗面台の下に取り付けることもよい。水遊びに没頭する子どもには、それに代わる冷たい感触のアイスグッズ、スライム（手で触ればドロリとした感触の伝わるおもちゃ）、水の入ったペットボトル、ビーズなどの代用品を与える。

●手洗いで、いきなり熱湯が出て火傷をしないように温度調整をしておく。つまり、サーモスタットの取り付けをしておく（住宅改造）。

●外出した際にトイレの男女別がわかりにくい場合は、自宅のトイレの扉に同じサインを貼り付けておく。

●便器にモノを投げ込んだり、頻繁に出入りしたりとトイレが遊び場になることもある。必要時以外はトイレに鍵をかけておくと、子どもがなかから鍵をかけてしまったときにも外側から開けられるので便利である（住宅改造）。

●家族やアシスタントの介添えを必要とする場合は、広いトイレを造る必要がある。また、子どもに閉所恐怖症などがある場合も広いトイレのほうがよいし、明るい電気をつけ、壁も明るい色にし、ぬいぐるみなどを置くのもよいだろう。

これら以外に、排便のときに拭き取り方がわからない子どもがいる。そういう場合、気長に親が子どもの手を持って拭きとる要領を根気よく教えるしかない。お尻のほうから拭き取る方法と前から拭き取る方法があるが、子どもの手の長さや体の柔らかさを考えて、どちらにするかを決めればよい。ときには、人形を利用して拭き方を教えるのもいい。

生理がはじまった子どもには、衛生上にも自宅のトイレにウォシュレットを取り付けるのがよいと思う。たとえ外出先にウォシュレットがなくても、帰宅すれば清潔にすることができるので安心である（住宅改造）。ちなみに、スウェーデンの一般家庭ではほとんどウォッシュレットは取り付けられていない。

バスルームおよびシャワーの利用方法

日本にはお風呂に入るという習慣があるわけだが、スウェーデンではほとんどの家庭がシャワーである。たまにバスルームにお湯と入浴剤を入れて泡立ててお風呂に入ることを楽しむ人もいるが、ごく少数でしかない。そこで問題となってくるのが、そのなかでの転倒などのケガである。状況判断が的確にできず感覚認知が弱いために自分の身体がどこにあるのかがわからない子どもにとっては、滑りやすいセッケンやシャンプーなどがあるシャワー室は非常に危険な場所となる。そして、とくに子どもが小さい間は、親がさまざまなサポートをしなければならないので、そのための配慮もしておかなければならない。

●シャワーからいきなり熱湯が出ないように、サーモスタットをつけて一定の温度の湯が出るようにしておく。子どもは急にシャワーを出したりするので、気をつけなければならない瞬間である。また、大きくなったときに一人でシャワーを浴びられるように蛇口を上下式に交換する。水跳ねがないように泡沫吐水のシャワー口に交換するのもよい。

●バスタブの上にボードを乗せて子どもが座れるようにする。そうすることによって、子どもの頭などを洗うのが楽になり、親が腰を痛めなくてすむ。また、目に泡が入らないようにシャワーリングを用意する。

●バスタブに入りやすいように手すりをつけておく。これは、転倒防止にもなる（住宅改造）。また、バスタブのなかでも滑って転ばないように、滑り止めのマットを敷くか、直接バスタブの底に滑り止めのシールを貼っておく。

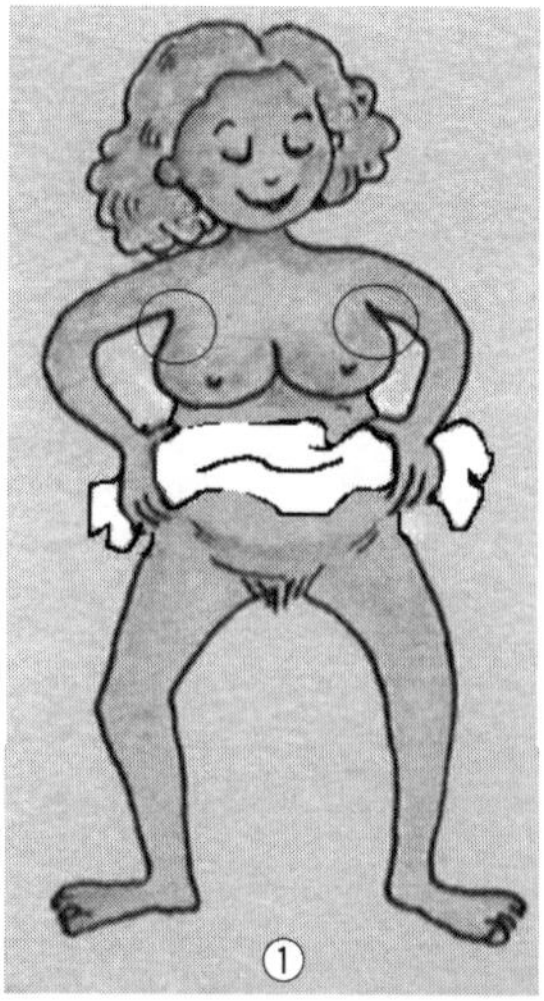

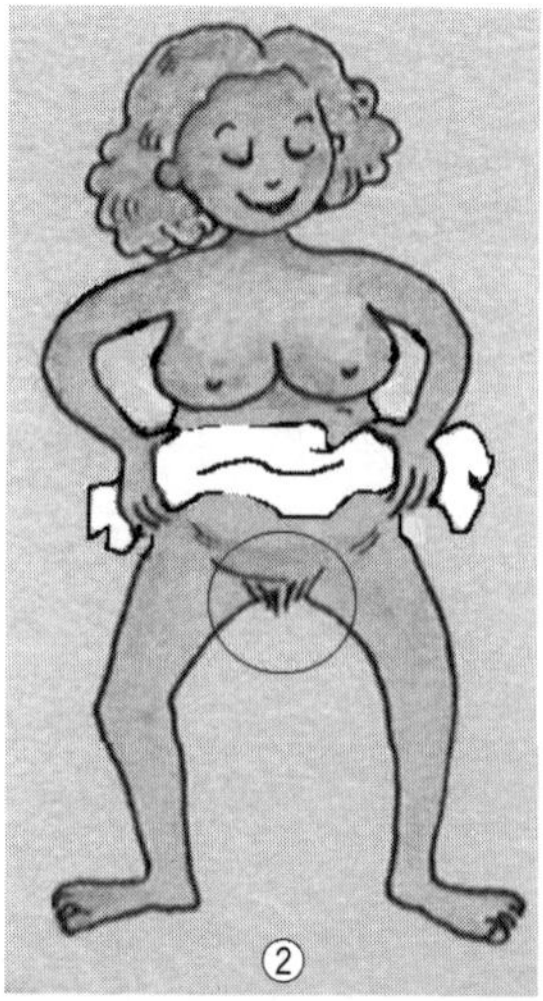

体を洗う順番を示す絵

●バスルームでなかから鍵をかけてしまう子どももいる。外から開けられるように特別な鍵をつける（住宅改造）。
●シャンプーなどは、ポンプ式にして「二回押す」などの印や絵を表示しておく。もしくは、一回きりの小瓶に小分けしておくのもよい。
●時間の観念がない場合にはいつまでもシャワーを浴びてしまうので、カセットテープなどに好きな曲を録音しておいて、それを聞いている間がシャワーの時間とする。
●ベルトつき椅子を用意して、それに座ってシャワーを浴びるのも安全でよい（補助器具）。
●頭の全体が洗えるように、また身体を洗う順番などを絵にしておくとわかりやすい。

歯磨きの順序

歯磨きが自分でできるようになるのも一苦労である。スウェーデンでは、小学校に上がる六歳児ぐらいまで大人が子どもの歯磨きを手伝っている。そうしないと、子どもは歯磨きの習慣をなかなか取り入れないし、とかく歯磨きをしないで寝てしまう。歯医者は二〇歳までどんな治療も無料で、高額となると歯の矯正もしてくれる。だからといって、歯磨きをおろそかにしてもよいというわけではない。歯磨きの習慣づけは、知的障害をもたなくてもなかなか難しいのだ。だから、いろいろな工夫をして、子どもが興味をもって歯磨きをするように努めている。
●洗面の順序がわかるように二つの籠を用意して、左の籠にタオルや歯ブラシを入れておき、それらを取って歯磨きや洗面をし、終わったら右の籠に入れてゆくようにする。色違いの籠を用意しておくのもいいだろう。

- 歯磨きをするときに顔が見えるように、鏡を子どもの背の高さに合わせてとりつける。また、鏡に矢印を書いて、右・左・上・下などまんべんなく歯磨きができるように表示しておく。
- 歯磨きクリームが一定量しか出ないプッシュ用にしておく。
- 歯ブラシの半分のところに印をつけておくと、歯磨きクリームを取りすぎないですむ。
- 時間の観念がない子どもには、砂時計やエッグタイマーを利用してその時間を知らせる。
- 電動歯ブラシも便利である。ただ、怖がる人には強制しないで徐々に馴らすようにする。

洗濯への一歩

自立をするためには、自分で選択をする習慣を身に着ける必要がある。スウェーデンでは、普通のアパートの地下に共同の洗濯場があり、洗濯機がコインランドリーのように置かれている。洗濯機は全自動で、別に乾燥機がある。居住者が予約すれば、一週間に一度、数時間ないし半日にわたって洗濯できる時間がとれる。スウェーデンでは、日本のように毎日洗濯するという習慣がない。だから、洗濯物を貯めておく大きな籠が必要になる。

まず、自分の着ていた服を色分けしたり、下着と分けて洗濯籠に入れる必要がある。靴下も、脱いだままの丸まった状態ではなくちゃんと伸ばして籠に入れる。分けて入れやすくするために刺繍糸などで洗濯籠に印をつけておくのもよいし、色の違うタオルを籠に入れておくのもよい。利用者の能力に合わせて、区別のつきやすいようにしよう。

●洗濯機や乾燥機の利用法は、絵や文字で順番を表記するか、ボタンに直接印をつけて、どの方向にどのくらい回せばよいかをわかりやすくする。

●洗濯の終わったあとの作業、つまり衣服をたたんで収納タンスに入れるなどという行為を写真か絵にして貼っておく。また、タンスにも一見して何が収納してあるかがわかるように外からも見つけやすくしておくとよい。

室内で落ち着かず、騒ぐ場合

子どもが遊びに夢中になると、どんな場合でも騒ぎはじめることが多い。また、エスカレートしてオモチャを取り出して放り投げたり壊すなど、とにかく散らかし放題になる。それが知的障害をもっている子どもの場合には、さらに限度がなくなる。少しでも落ち着かせるのにはどうしたらよいのであろうか？　すべての親がもっている共通の悩みを、以下のような対処方法で解決してみてはいかがだろうか。

●外でしっかりと遊ばし、肉体的に疲れさせる。毎日、外気に触れることは健康にもよいし、子どものもつエネルギーが外へと発散されることになる。

●屋内での遊びがエスカレートして家具をひっくり返すこともあるので、本箱やテレビなどは倒れないようにきちんと補強しておく。

●簡単に壊れないように、家具などは頑丈な材質を選び、オモチャも丈夫なものを買うよう日ごろから心がける。

●ものを投げつけてもすぐに壊れないように、電気類にはカバーをかけておくか手が届かない位置に配置する。

●窓のガラスなどは強化ガラスに交換するか、窓用フィルムを貼る（住宅改造）。

●オモチャ箱、本箱や引き出しに写真や絵文字を貼りつけておいて、何が入っているかも一目でわかるようにしておく。そうすると取り出しも簡単であり、片づけもしやすくなって自立の役に立つ。

●室内にあまりたくさんのものを置かないようにして、生理整頓を常にしておく。知的障害者は感覚認知が欠如している人が多いので、たくさんの情報が視野に入ってしまうとどれを選択してよいのかがわからなくなり、無意識のうちにイライラしてより散らかすことになる。そのためにも、部屋にあまりものを置かないようにする。

●子ども専用の安楽椅子（一人用のソファ）を用意する。自閉症の子どもにはベルト付きのものもよい。固定されることによって、本人がリラックスできることもある（ただし、絶対に長期には使用しない）。座る場所を決めて、そこで音楽を聴くとか本を読んで聞かせたり習慣づけると子どもも安心感をもつようになる。

●子どもだけのコーナーをクッションなどでつくってあげることもよい（スヌーズレン）。クッションなどの中身は、音が出るものや香りのあるもの、そして荷造り用の発砲スチロール（緩衝材）を入れたりすると手触りが違うので興味をもちやすい。

●自室か兄弟姉妹の部屋に頑丈な垣根をつくっておく。知的障害をもつ子どもには、兄弟姉妹が勉強したり、遊んでいるときなどに邪魔をしてはいけないという配慮ができない場合がある。そういう場合、垣根などをつくって邪魔ができないように他の部屋を保護するのも、よい兄弟関係を築き上げるのには必要である。ドアに鍵をかけてしまうのもよいが、幼い間は互いが見えるほうがいいし、親にとっても安心だろう。

●以前、パニック状態の子どもが壁やドアに頭突きで穴を開けることがあった。不思議なことに、頭のほうは傷一つしてないので驚いたが、こういう場合にはアクリル製かプラスチック製の透明の補強板を扉の表面に取り付けておくとよい。また、ドアが閉まるときに指を挟まないようにゴムをつけておくのもよい（住宅改造）。

●カーテンなどは長く垂らさないで短いものにする。

●植木は、子どもが触らないように頑丈なものを置く。サボテンや造花などを置いてもよい。

●電気コードは、なるべく目につかないように隠す。コンセントは、子どものいたずら防止用のコンセントを利用するか、その位置を高くしておく。

玄関先や庭先

ちょっと目を離した隙に、子どもが玄関のトアを開けていなくなることがある。それ以外にも、夜中に起き出した子どもが昼夜の区別がつかないで家を飛び出すこともある。家の周りが交通量の多い場所であれば、危険極まりない。そのためにも、予防装置を前もってとっておかなければならない。

●玄関に特別な鍵を高いところにつけて、子ども一人では開けられないようにしておく。火災などの場合にはすぐに開けられるような、ホテルの扉についている内側からの鍵である。

●夜中に玄関やバルコニーによく出ていく子どもがいる家庭には動きを察知するセンサー（補助器具）をドアにつけて、開くと両

対策フェンスの一例

親の寝室に取り付けてあるアラームが鳴るようにしておく。

●庭には、高い（一六〇〜一八〇センチ）細かな網の目のフェンスを造っておく（住宅改造）。

●垣根やバルコニーなど、子どもが上れそうなところにサボテンや植木を置いておく。

●庭にトランポリンなどを置いて、すぐに外へは飛び出ないように興味をひくオモチャを用意するのもよい。

台所の利用

自立するうえにおいて一番重要となるのが食事である。ご存じの通り、コンロ、包丁、レンジなどの危険なものがいっぱいある台所を、当然のことながら使用しなければならなくなる。それが、行動範囲の広い子どもの場合であればその危険度が増すことにもなるので、次のようなことに注意をしたい。また、これらの処置を施したうえで、普段から子どもができることはさせるようにするとよい。簡単なサンドイッチを自分でつくったり、おやつは自分で用意することを繰り返しすることで自立にもつながることになる。

●システムキッチンの棚や引き出しには、中身を出し入れがしやすいように絵を貼っておく。

●包丁の入っている引き出しなどは、簡単に開けられないようにいたずら防止グッズを利用するのもよい。それでもだめな場合は、特別な鍵を設置する（住宅改造）。

●冷蔵庫や冷凍庫などをしょっちゅう開閉する子どもがいる場合は、鍵のかけられるものにする。

●子どもが知らないうちにレンジのボタンを回していて、思わず火傷をする場合がある。このため、調理のとき以外はレンジ本体の電源を切るように心がける。

●レンジの操作については、ボタンに色で印をつけておくとか、どのくらいの強さにすればいいかを前もってテープで印をつけておく。自立には必須である。

●料理をつくるときに、その手順がわかるようにレシピを簡単な絵で表記しておく。料理にかかる時間などが書かれてあるとなおよいし、エッグタイマーや砂時計は必需品となる。

●調味料など、何がどのくらい必要なのかがわかるように軽量カップにも印をしておく。

●材料や調味料が見えやすいように、保存する容器は透明のプラスチックかガラス製の

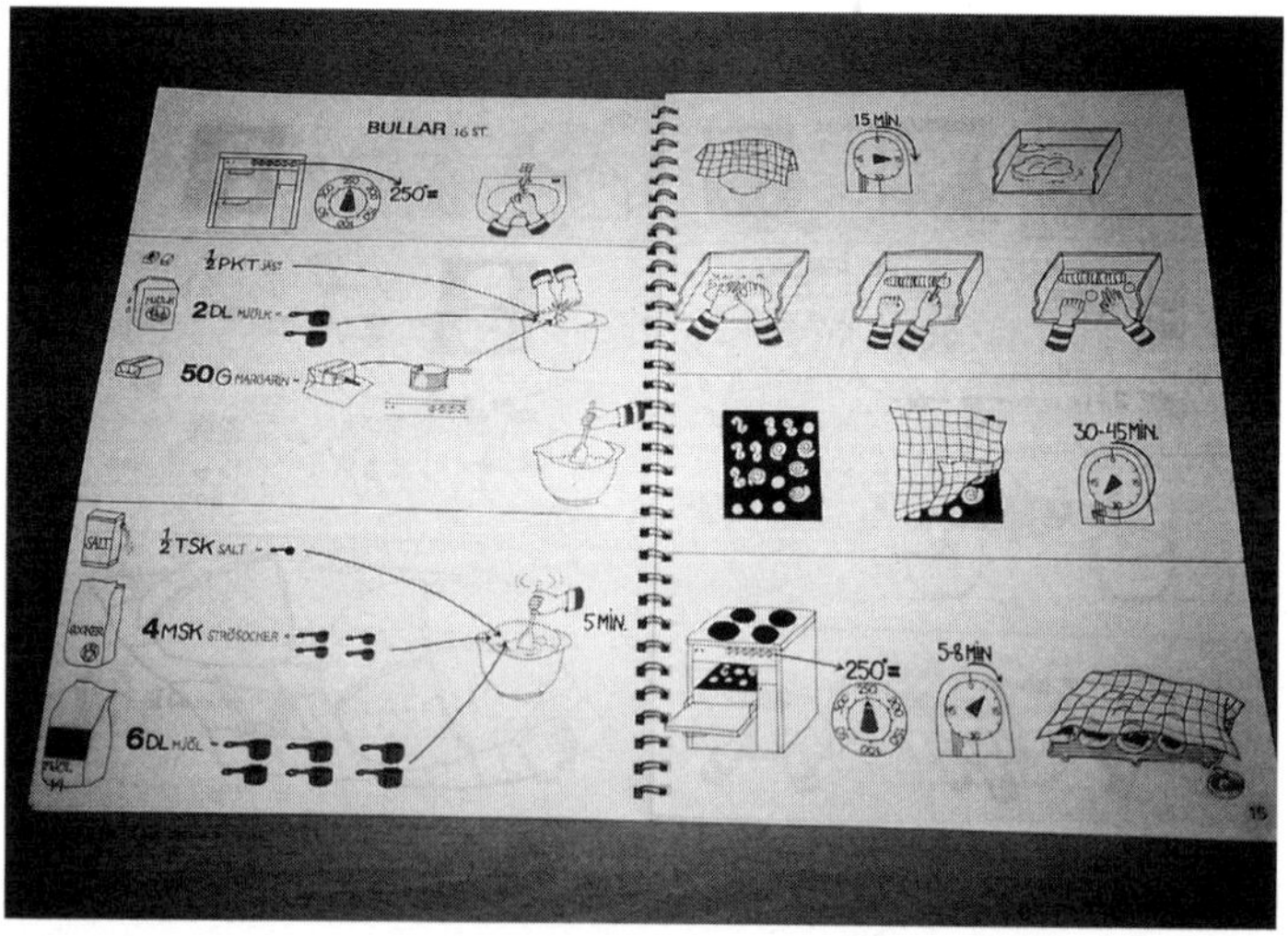

レシピ

ものを利用するとよい。絵を表記しておくとなおわかりやすい。

食事をする

知的障害児のなかには、赤ちゃんのころの習慣がなかなかやめられない子どももいる。いつまでも親に食べさせてもらっていたり、同じ料理ばかりを食べてほかのものを一切受け付けないという場合もある。また、自宅では食べるが他人の家へ行くと全然食べないとか、あるいはそこでも決まったものしか食べなかったりと、食事に関しては本当に頭を悩ますことが多い。

しかし、前述したように、自立していくうえにおいてもっとも重要なのが食事であるだけに、さまざまなケースを考えてバランスのよい食事が常にできるようにしなければならない。ひょっとしたら、それらの原因は食べる環境にあるのかもしれないし、同じお皿で食べたいのかもしれない。あるいは、椅子が理由ということもある。

●子どもが座る椅子を決め、本人の写真などを貼っておくとよい。そして、慣れてきたときにほかの椅子と交換して同じ場所に写真を貼っておく。そうすると、椅子に固執しなくなる。あるいは、写真と椅子は同じでも位置を変えてみるのもいい。慣れるまで同じように設置しておいて、徐々に交換して活動範囲を広げていく。これは、よく自閉症の子どもにする方法でもある。

●お皿、ナイフ、フォーク、グラスを置く場所をランチョンマットに印をしておくと、自分で配膳ができるようになる。

●子どもが座っている近くに、食べ物、バター、ジャムなどを置く位置を示しておくと朝食の準備も一人でできるようになる。
●ナイフやフォークは、持ちやすい太めのものを使う。
●飲み物を自分で入れられるように、グラスにテープを貼って入れる量を記しておく。
●自閉症で言語障害児の場合などは、テーブルの上に絵のカードを置いて、それと引き換えに自分の欲しいものをもらえるようにしておく。
●流し台にお皿を置く印を付けておいて、食べ終わるとそこまで持っていくように習慣づける。
●皿洗いも貴重な自立への一歩である。親とともに洗うことを学び、洗剤をどのように使ってどのような順序で洗うかなどを学ぶ。

持ちやすい太めの自助具

洗う順序は図式化し、水の量は洗い桶に前もってテープで印をしておく。洗剤は取りすぎないように、お椀などに少量だけ入れておいて、それにスポンジをつけて利用するのがよい。

時間の観念

これまでにも何度か述べているように、知的障害者は時間という概念が欠けている場合が多いため、観たいテレビの番組がいつはじまるのかを数時間前からしつこく尋ねてくる子どもがいる。短時間の記憶能力しかなく物事をすぐに忘れてしまって、昨日の出来事と今日の出来事の区別がつかず、今やっていることしかわからない。時計など数字が読めないために、繰り返し同じことをいつまでも続けていたり、お金の価値感がわからないなど、日常生活においていろいろな支障が出てくる。スウェーデンには、これらの子どもたちをサポートするためにたくさんの補助器具がある。まず、それらのなかから特別な時計を紹介しよう。（次ページの写真参照）

「タイムログ」というものがある。これは、一時間に小さな光が三分（もしくは一分に調整可）置きに消えていく時計で、時間の量が目で確認できるものである。私は、補助器具として、二人の知的障害児（どちらも中学生）にこのタイムログを渡したことがある。両者とも朝の支度ができない子どもで、親が仕事先から電話をかけて子どもを起こし、それからまた学校へ行く時間になると電話をするなど、親の援助なしでは学校にも行けない子どもたちであった。しかし、このタイムログがあれば、朝出掛けるときに子どもを起こしてからタイムログをつけさえすれば、あとは子ども自身がタイムログの光に合わせて学校へ行く準備をすすめるのである。そして、光が全部消えるとアラームが鳴り、子どもは学校へと出掛けていくことになる。

一人の子どもは、これで自立して学校へ行けるようになった。しかし、もう一人の子どもは時間に合わせるというモチベーション（動機づけ）がないために、いつまでも親を頼りにしていた。もちろん、毎日の訓練が必要なわけだが、補助器具をいくら与えてもモチベーションの有無によって結果が変わるわけだから、それを高める努力も必要となる。それでは以下で、日常生活のなかで生かせるアイデアを紹介していく。

●学習するには記憶力が必要になるので、毎日の変化をデジタル写真に撮って復習するのもよい。それを日記帳や親との交換日誌に貼り、保育園、学校だけにかぎらず、授産施設など

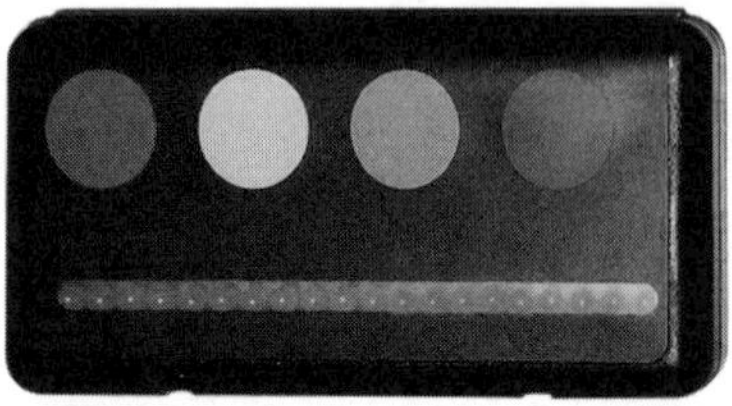

1分や3分置きにランプが消えてゆくタイムログ。残り少なくなった時間がひとめでわかる。

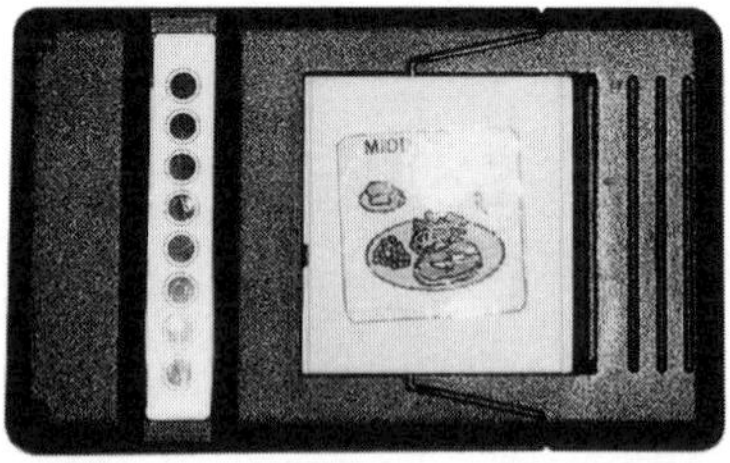

ランプが消えてゆくのと同時に何の活動がはじまるのかが絵でわかる。

丸型のエッグタイマーと長方形のタイムログ

でも利用してその日に何が起こったかなどを写真で知らせる。帰宅したときに、写真を見ることで家族とのコミュニケーションも生まれる。

●一日の時間の流れを理解するために、そのときどきの写真を大きな時計の文字盤の横に貼りつけておく。

●数字とその数字がもつ量の概念を学ぶために、たとえば数字「２」と豆を二個並べるなどして数を合わせる訓練をする。これは、授産施設などにおいて工場の下請け作業として釘やボルトを一〇個ずつビニール袋に入れることがあるので、重要な訓練ともなる。

●時間をシミュレーションするコンピュータゲームを借りて自己トレーニングをする。また、周囲の人が時刻をはっきりと知らせ、それを時計で確認する練習をするのもよい。

●砂時計などで時間の量感を視的に認識させる。たとえば、砂時計を設置して、砂が流れている間は歯磨きをしたりお風呂に我慢して入っているなど。

●キッチンタイマーを利用して、料理をしながら時間の感覚を高めていく。

●音声時計など、音声で時刻を知らせてくれる器具を購入する（補助器具）。予定表が簡単につくれるコンピュータソフトもあるし、最近では予定時刻になるとアラームや音声で知らせてくれる便利なものが多い。

●スケジュールボード、一週間の予定表をカード化し、一見して何があるのかをわかりやすくする。マグネット用、マジックテープ用の二種類がある（補助器具）。

●休み時間がどのくらいかわからない場合などは、前もってラジカセに子どもの好きな曲を数曲録音しておいて、「休んでいる間はこれを聴いて、終わったら教室に入ってね」という。このラジカセは、両親が食事をつくっているときとか、子どもをリラックスさせるときにも応用できるので、所要時間の違うものをいくつか用意しておくといいだろう。

●スウェーデンでは、知的障害者のために曜日の色が決められている（月曜日＝緑、火曜日＝青、水曜日＝白、木曜日＝茶、金曜日＝黄、土曜日＝ピンク、日曜日＝赤）。今日が何曜日かがわからない人にその色の腕輪を巻きつけておく。

●一日のスケジュールを、持ち運びの便利なシステム手帳に小さな絵にして貼っておく。

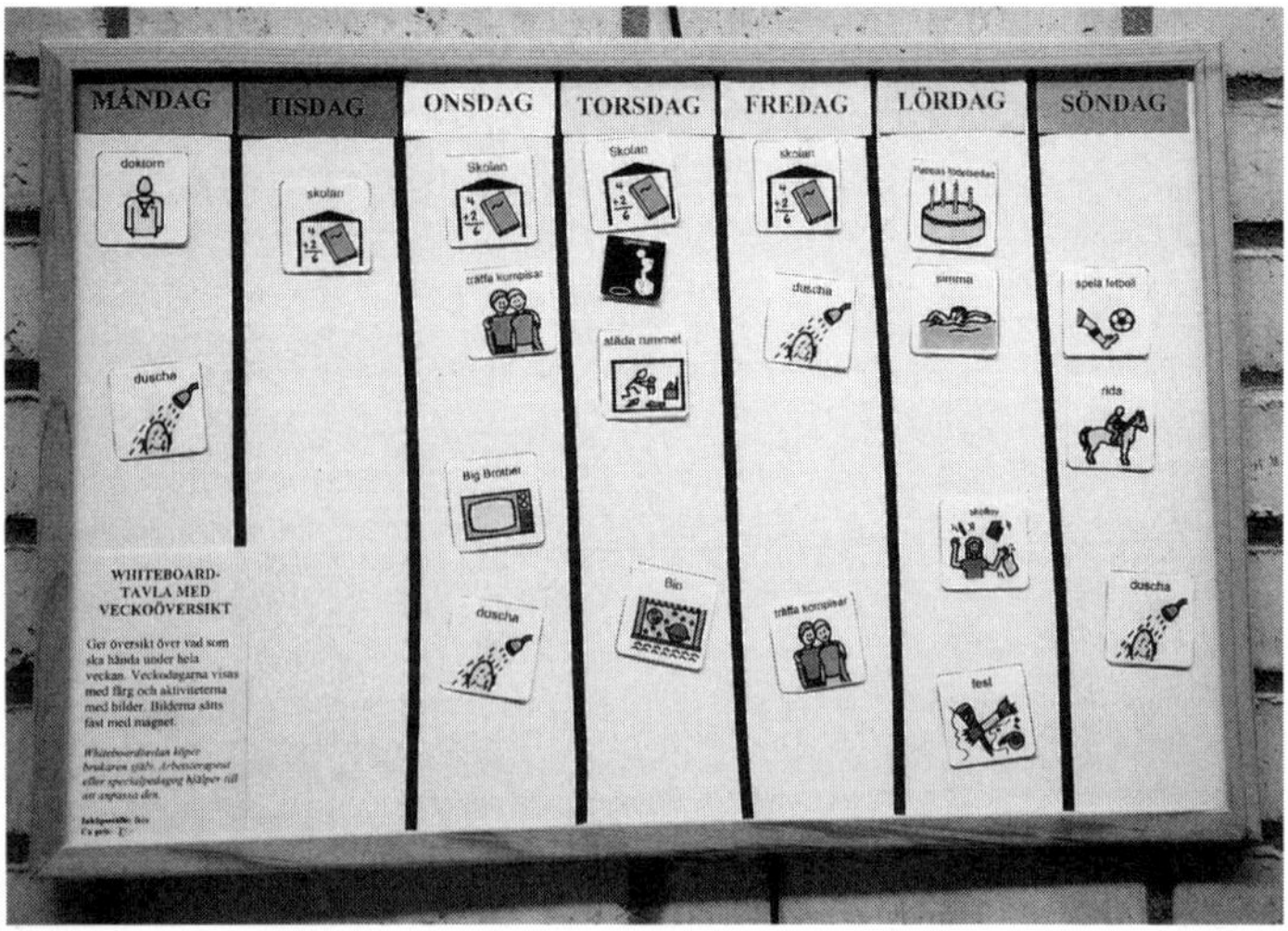

スケジュールボード

お金の使用方法

自立するにあたって次に必要なことは、買い物が一人でできるかであろう。毎日買い物する店を決めておいて、そこの店員に知的障害者があることを説明しておけば安心して買い物ができる。また、毎日同じ店に買い物に行くことよって陳列順序も覚えられるというメリットがある。

とはいえ、模様替えと称して店のレイアウトが変わってしまうこともある。これは、障害をもっている人にとっては大変な迷惑となる。現に、障害をもっていない人でも、探すものがイメージ通りの場所にないときはウロウロしてしまうはずだ。そのうえ、値段がついていない店であればなおのこと買い物は難しくなる。ゆえに、知的障害をもっている人には店を決めて、相手の理解が得られるようにする。そのうえで、以下のようなことに配慮してほしい。

- 自分の好きなものはどのくらいのお金が必要かを、前もって図にしておく。ミルクはいくら、シャンプーはいくらなど。また、一枚のお札に含まれるお金の価値感を学ぶために、お札の片面をコピーしてパズルのようにして表すのもよい。

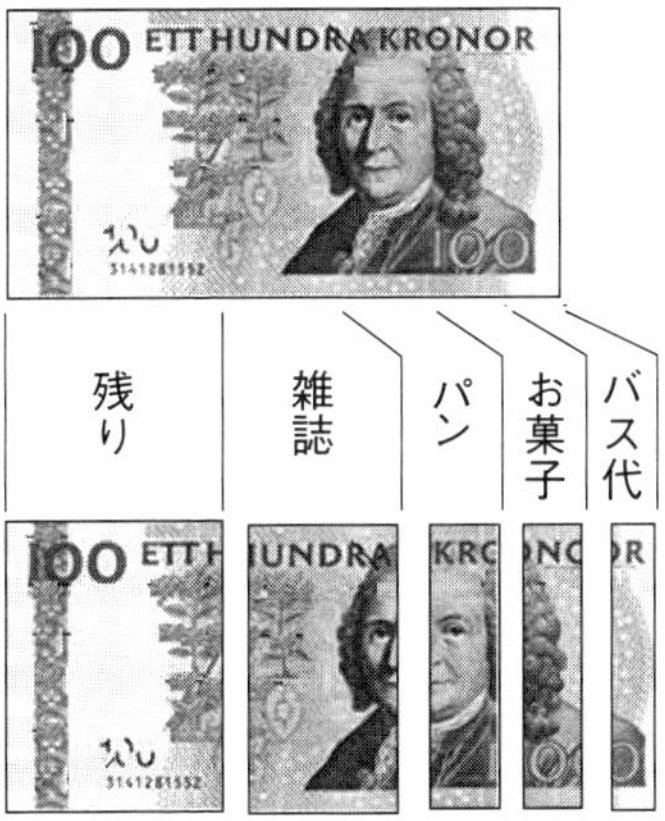

お金パズル

- 無駄遣いをしないためにも、毎日、利用できるだけのお金を財布に入れておく。
- お金の利用方法を学べるコンピュータゲームを買い求める。
- 常日頃より、実際にお店に行って、個数を指定して買い物をする練習をしておく。

どのようにして一人で過ごすのか？

日本に対して切に願うのは、知的障害のある人も自立して余暇活動ができるように、社会的にも受け入れ施設を多くして欲しいことである。前述したように、スウェーデンでは余暇活動の場が学校内になくて居住地のクラブやサークルに委ねられている。しかし、このような集団によるものだけではなく、自宅や屋外において一人で過ごす時間も知的障害者には必要である。そういう時間に何をするかは、当事者の好みをよく知っている周囲の者が相談に乗る形で本人と話し合いながら決めていかなければならない。

最近では携帯電話が一般的になったこともあり、これを利用することによって安心して行動範囲を広げることができ、社会参加も自由にできるようになった。しかし、携帯電話の利用方法が複雑になって、必要なときに電話がかけられないという事態も生じている。また、携帯電話の小ささがゆえに、おぼつかない指では番号を押せないという場合もある。簡単な操作で子どもと連絡ができ、また簡単な予定表がわかるくらいのものができればよりいっそう自立を促すことができると考えているわけだが、これにはメーカーの方々の協力が必要である。高齢者だけでなく、知的・身体障害者を対象とした携帯電話の開発を切にお願いしたい。

- 電話は、ボタンに小さな写真を貼っておくか、画像をスクロールして相手を選び、「発信」を押すだけで目的の人につながるようにしておく。独り暮らしをする知的障害者が、自ら電話ができれば親としても安心である。
- 短縮ダイヤルにしておくのもよい。1＝カーリン、2＝ボッセなど、数字のわかる人にとっては便利である。
- 本が読めない人には、テープに録音されている本を図書館で借りる。結構、豊富に種類はある。あるいは、デイジーシステム（Daisy）を利用する。デイジーとは携帯用のCDプレイヤーで、普通に自分が本を読む速さにスピードを調整できるし、途中でやめても同じところから聞けるなど、いろいろなシステムがプログラミングされている。日本では、速読の訓練にも利用されている（八六ページを参照）。
- 余暇利用の映画、ボーリングなどの活動に必要な費用をノートに絵や文字で記しておく。
- ぬり絵を利用して絵を描くというのもよい。ぬり絵のなかに色の指定を番号などでしてあげると、知的障害をもっていても楽しく絵を描くことができる。
- ハサミは危ないから使わせないのではなく、指導によって繰り返し練習をする。握力や指先の力が弱い人のために、バネ付きのハサミもある（補助器具）。前もって切るところに太く線を書いておくと切りやすいし、徐々にその線を細くしていくことによって使い方が上達していく。

●知的障害をもっていても簡単に刺繍ができるように、モチーフがすでに印刷されている布もある。また、簡単な織物機などを利用すればテーブルセンターくらいのものはつくれる。オモチャ屋を見て回ればいろいろ簡単に利用できるものがあるので、それぞれのやりたいものを探し出してみよう。

●余暇にする活動が一目でわかるように、写真や絵をボードに貼っておき、そのなかから選べるようにする。たくさんありすぎても消化できないので、選択範囲は二、三個にしておく。

●聴きたい音楽などもボードに貼っておくとかノートにまとめておくと、自分で選ぶという主体性が育成できる。

以上、簡単にだがスウェーデンで行われている対応策を参考にして、それぞれの家庭で行えるアイデアを挙げてみた。補助器具、自助具は無料配布、住宅改造もすべてコミューンが無料でしてくれるというスウェーデンでは、日本の障害者がいる家庭からすれば天国のように思われるかも知れない。このような自立支援のシステムが日本でも早く成立することを祈るが、それまでの対処策として今回挙げたことを参考にして欲しい。

また、当事者だけでなく、周りの人々がこれらのことを理解することで、社会の仕組みは早く変わっていくと考える。助け合いの精神が根本にあってこそ福祉は成り立つのである。この個人重視の社会的意識の存在が、これまでのスウェーデンの医療福祉面の充実に役立ってきたと思う。

おわりに

現在、スウェーデンの知的障害者たちの生活は、一九六〇年代にはじまったノーマライゼーションの原理を具体化し続け、一般の人とほとんど変わらない生活をしている。サービスセンター、デイセンター、サテライトホーム、グループホーム、ショートステイホーム、単独居住など、彼らの住居は街中にあって一般市民の隣人となっている。注意して見ても、彼らが知的障害であるかどうかはわからないほど社会生活に浸透している。人権の平等を考えると「当たり前」であるが、このような当たり前の生活ができるのは、身体障害者だけでなく知的障害者に対しても豊富なサポートを行い、環境や精神面のバリアフリーを施行しているからである。

二四時間体制のケア付きグループホームでは、自立できない人にもケアの手は行き届き、衛生面にも問題はなく、アシスタントやリーダーとともに活動する場を広げていき、自立した社会生活の訓練をして徐々に社会に出られるようにしている。仮に、独立をして社会に出てうまくいかなかった場合でも、またグループホームなどに戻れるという柔軟な枠組みもつくり上げている。アシスタントと行動をともにする知的障害者や精神障害者に毎日接することで近隣の疑惑もなくなり、それが当然であるという生活風景になってきた。

グループホームへ一歩踏み入れてみよう。そこは常に生理整頓され、空間を利用して家庭的な壁掛けや花など、スウェーデン風の洗練されたインテリアが目に入ってくる。台所からはスタッフとともにケーキを焼いているのかいい香りが漂ってきて、食事を囲むテーブルには暗い冬を少しでも暖かく過ごすためにキャンドルが置かれている。各個人の部屋を見ても彼らなりの装飾が施されており、どこから見ても入所施設には思えず一般の家庭と何ら変わりがない。知的障害者の親たちは次のようにいう。

「これらすべての恩恵が、天から降ってくるものではありません。一つずつ、下からの運動と上からの援助で獲得していったものです。双方が歩み寄る努力をしたからこそ、今の社会ができ上がっていると思います。われわれがいなくなったときに、子どもたちがどのように生活してゆけるかが一番心配ですが、充実した社会制度があれば本当に安心できます」

一つずつの不満を声にして、上へ伝えていかなければ改善は見られない。また、上に立つ者は、下の人の声を聞く耳をもってそれに対応していかなくてはよい社会はできない。たった一つのことを改善するだけでも多額の費用と時間がかかる。忍耐力との闘いとなるわけだが、今すぐ助けを必要としている人に早急に対処することができてこそ安心できる社会が成立するのではないだろうか。

本論でも書いたように、ノーマライゼーションによって一般家庭に戻った知的障害者に必要な援助のために、かつての数倍にも上るスタッフが必要となった。コミューンの財政を考えれば痛いところではあるが、長い目で見れば知的障害者たちの自立を促したことでトータルの社会費用は軽減されるし、それによってさらに社会的なバリアフリーが充実し、移送タクシー、サテライト形式のホーム、デイセンターの充実などがより促進されることになった。つまり、スタッフのサポートを受けなくても、彼らのレベルとリズムでどんどん社会参加ができるようになっていったわけだ。

そして、彼らを取り巻く環境として、喫茶店、ブティック、学校、クラブなどの一般の人たちともっと接触できる場の提供が必要となる。さらに、社会全体の寛容さが必要であり、より医療、教育、福祉が統合した援助が求められることになる。スウェーデンでは、これらのすべてが徐々にではあるが一つの形として確立しつつある。

国の面積のわりには人口（約九〇〇万人）が少ないため、改革して組織化することは日本と比べれば簡単といわれるかもしれない。それであれば、少ない人口の地方単位でこれらのシステムが確立してもよさそうなものだが、いかがだろうか。根本的には、医療福祉に対する哲学が必要になると思っている。国民のために福祉制度を充実させるためには、行政と国民が一丸となって協力していかなければならない。人間およびその社会を構成するうえにおいて必ず必要とするもの、それがこの国にはあるように思う。

本書で紹介した数々の知的障害者の生活を参考にしていただいて、日本にもできる改革があるのではないかと考えている。日本にある文化や歴史を背景として、日本独特の素晴らしい社会が築き上げられることを願っている。難しいことは一つもない。単に、「もし自分の子どもが、もし自分の親が、もし自分自身が知的障害をもっていれば……」と考えるだけで答えは出てくるのではないだろうか。

今回は知的障害者にスポットを当てて書いてきたが、冒頭でもお断りしたように、適切でない言葉を使用している場合があるが、その意図がまったくないことをもう一度述べておく。そして、常々著書の出版に関しては多大なる協力を得ている株式会社新評論の武市一幸さん、高齢で一人頑張っている里の母、いつも私を支えてくれる姉家族、友人知人たちに、北欧から感謝を込めてお礼を申し上げたい。

二〇〇六年　三月

河本佳子

著者紹介

河本　佳子（こうもと・よしこ）

1950年、岡山市生まれ。
1970年、岡山県立短期大学保育科を卒業と同時にスウェーデンに移住。
1974年、ストックホルム教育大学幼児教育科卒業。以後、マルメで障害児教育に携わる。
1992年、ルンド大学医学部脳神経科作業療法学科卒業。
その他、同大学でドラマ教育学、心理学の基本単位修得。
1999年、スコーネ地方自治体より25年間勤続功労賞を授与。
現在、マルメ大学総合病院ハビリテーリングセンターで作業療法士として勤務。
著書：『スウェーデンの作業療法士』（新評論、2000年）
『スウェーデンののびのび教育』（新評論、2002年）
『スウェーデンのスヌーズレン』（新評論、2003年）
訳詩：『ヨタヨタくもさん』（Stegelands Forlag, 1981）。
共著：*"Surgery of the spastic hand in Cerebral Palsy"*
The journal of Hand Surgery British and European,1998.

スウェーデンの知的障害者
――その生活と対応策――

（検印廃止）

2006年5月15日　初版第1刷発行

著　者　河　本　佳　子

発行者　武　市　一　幸

発行所　株式会社　新　評　論

〒169-0051
東京都新宿区西早稲田3-16-28
http://www.shinhyoron.co.jp

電話　03(3202)7391
FAX　03(3202)5832
振替・00160-1-113487

落丁・乱丁はお取り替えします。
定価はカバーに表示してあります。

印　刷　フォレスト
製　本　清水製本プラス紙工
装　丁　山田英春
イラスト・写真　河本佳子
（但し書きのあるものは除く）

Printed in Japan
ISBN4-7948-0696-5 C0036

よりよく北欧の福祉を知るための本

藤井　威
スウェーデン・スペシャル（Ⅰ）　四六　276頁　**2625円**
ISBN 4-7948-0565-9　〔02〕
【高福祉高負担政策の背景と現状】元・特命全権大使がレポートする福祉国家の歴史，独自の政策と市民感覚，最新事情，そしてわが国の社会・経済が現在直面する課題への提言。

藤井　威
スウェーデン・スペシャル（Ⅱ）　四六　324頁　**2940円**
ISBN 4-7948-0577-2　〔02〕
【民主・中立国家への苦闘と成果】遊び心に溢れた歴史散策を織りまぜながら，住民の苦闘の成果ともいえる中立非武装同盟政策と独自の民主的統治体制を詳細に検証。

藤井　威
スウェーデン・スペシャル（Ⅲ）　四六　244頁　**2310円**
ISBN 4-7948-0620-5　〔03〕
【福祉国家における地方自治】高福祉，民主化，地方分権など日本への示唆に富む，スウェーデンの大胆な政策的試みを「市民」の視点から解明する。追悼　アンナ・リンド元外相。

河本佳子
スウェーデンの作業療法士　四六　264頁　**2100円**
ISBN 4-7948-0475-X　〔00〕
【大変なんです。でも最高に面白いんです】スウェーデンに移り住んで30年になる著者が，福祉先進国の「作業療法士」の世界を，自ら従事している現場の立場からレポートする。

河本佳子
スウェーデンのスヌーズレン　四六　208頁　**2100円**
ISBN 4-7948-0600-0　〔03〕
【世界で活用されている障害者や高齢者のための環境設定法】様々な刺激を与えることで障害者の感覚統合の受理能力を高め，新しい発見と学習を促す「感覚のバリアフリー！」

小笠　毅
比較障害児学のすすめ　四六　248頁　**2100円**
ISBN 4-7948-0619-1　〔03〕
【日本とスウェーデンとの距離】障害の有無によって学びの場を分ける日本と，他者との違いを認めながらともに学ぶ場をつくるスウェーデンとの比較から，教育の未来を問う。

伊藤和良
スウェーデンの分権社会　四六　263頁　**2520円**
ISBN 4-7948-0500-4　〔00〕
【地方政府ヨーテボリを事例として】地方分権改革の第２ステージに向け，いま何をしなければならないのか。自治体職員の目でリポートするスウェーデン・ヨーテボリ市の現況。

ペール・ブルメー＆ピルッコ・ヨンソン／石原俊時訳
スウェーデンの高齢者福祉　四六　188頁　**2000円**
ISBN 4-7948-0665-5　〔05〕
【過去・現在・未来】福祉国家スウェーデンは一日して成ったわけではない。200年にわたる高齢者福祉の歩みを一貫した視覚から辿って，この国の未来を展望する。

松岡洋子
デンマークの高齢者福祉と地域居住　四六　368頁　**3360円**
ISBN 4-7948-0615-9　〔05〕
【最期まで住み切る住宅力・ケア力・地域力】それは与えられるものではなく，私たち自身がつくり出すもの……。デンマークの最新の「地域居住」の実像と真相に迫る。

朝野賢司・原田亜紀子・生田京子・福島容子・西　英子
デンマークのユーザー・デモクラシー　四六　334頁　**3150円**
ISBN 74-7948-0655-8
【福祉・環境・まちづくりからみる地方分権社会】５人の若手研究者が見たデンマーク社会。それぞれの専門ジャンルから「市民参加」とは何かを具体的に提示する。

※表示価格はすべて税込み定価・税５％。